„Sternennacht"

Ina Kern

problem.*los*

**Geistige Freiheit gewinnen durch Wahrheit
Paradigmenwechsel und Dekonditionierung
111 Fragen und Antworten**

©2017 tao.de in J. Kamphausen Mediengruppe GmbH, Bielefeld

1.Auflage

Herausgeber: tao.de

Autor: Ina Kern
Umschlaggestaltung: tao.de
Bilder (Titel+Innenseiten): Katja Wittemann
Lektorat, Korrektorat: Ina Kern

Verlag: tao.de in J. Kamphausen Mediengruppe GmbH, Bielefeld

ISBN: 978-3-96051-881-5 Paperback
ISBN: 978-3-96051-882-2 Hardcover
ISBN: 978-3-96051-883-9 e-book

Printed in Germany

Das Werk, einschließlich seiner Teile, ist urheberrechtlich geschützt. Jede Verwertung ist ohne Zustimmung des Verlages und des Autors unzulässig. Dies gilt insbesondere für die elektronische oder sonstige Vervielfältigung, Übersetzung, Verbreitung und öffentliche Zugänglichmachung.

Inhaltsverzeichnis

Einblick	7
Bewusstseinsebenen	10
Paradigma 2 (unbewusste Ebene)	12
Paradigma 1 (bewusste Ebene)	15
Ego + Dualität	19
Reaktion + Widerstand	23
Krankheit	25
Denken	26
Fehler . Vergleichen . Bewerten	28
Mayas Geheimnis	29
Angst	31
Weg der Wahrheit	33
Dekonditionierung	35
Schritte zur Problemlösung	37
111 Fragen + Antworten	41
(Fragen aus P2 und P1 zu den Themen Beziehungen, Ego, Selbstwert, Vergebung, Loslassen, Sinn, Sein, Erleuchtung)	
Ausblick	218
Die Welt	222
Anhänge	223

Einblick

Dieses Buch weist dir einen Weg in die Problemlosigkeit des Seins. Du bist der Mittelpunkt „deiner Welt" und alles entsteht aus dir heraus. Was auch immer du dir erdenkst und vorstellst, wird in dein Leben treten – ob du es magst oder nicht. Dein Tun und Handeln basiert auf deinen Gedanken und somit ist dein Denken der Ursprung all dessen, was du in deinem Leben erschaffst. Niemand ist schuldig und es gibt kein Opferdasein.

Weil du mit allem verbunden bist, hat dein Wirken Einfluss auf den Rest der Welt. Wenn du ein wenig mehr Bewusstsein in dein Leben bringst, kannst du diese Verstrickungen leichter erkennen. Die Folge ist, dass sich Toleranz und Mitgefühl ganz natürlich einstellen. Problemlos zu leben bedeutet nicht, zu allem „Ja und Amen" zu sagen, ganz im Gegenteil. Deine Probleme los zu sein heißt in erster Linie, sie nicht als solche zu betrachten; es sind deine Widerstände gegen das was ist und sie beginnen mit dem Vergleichen und Bewerten.

Dieses Buch soll dir den „Durchblick" in die Problemwelt deines Egos verschaffen. Du lernst alle „Mitspieler" des Spiels „Ich erschaffe mir ein Problem" kennen, so dass du ab sofort die Zusammenhänge durchschauen und Einfluss nehmen kannst. Ohne ein Mindestmaß an Bewusstheit gibt es kein Entkommen aus dieser Welt der Gegensätze, die Schmerz und Leid hervorbringt.

Die Aufteilung in Paradigmen erleichtert dir den Überblick und zeigt ganz deutlich den Unterschied zwischen der egozentrischen versus integralen Welt. Bei allem was ich hier darstelle, greife ich zurück auf selbst Erlebtes und Erfahrenes; sowohl aus meinem Beruf als Therapeutin/Coach, als auch aus meinem persönlichen Lebensweg in beiden Paradigmen. Was ich hier als Weg bezeichne, kann vielmehr als Prozess verstanden werden, der folgende „Ausdrücke" kennt:

Opfer (in Paradigma 2)
Schöpfer (in Paradigma 1)
Sein (in Paradigma 0)

Hier noch eine einführende Erklärung zu den Paradigmen:

In P2 herrschen Dualität und Polarität. Dualität bedeutet, dass du (Ego) dich als getrennt von einem übergeordneten Prinzip (Macht, Selbst, Gott etc.) empfindest. Da existieren also eine höhere und eine tiefere Ebene. Dualität heißt auch, dass der Körper-Geist-Mechanismus in Subjekt-Objekt aufteilt; dabei bist du das egozentrische Subjekt und alles was du wahrnimmst wird von dir als Objekt betrachtet. Polarität bedeutet, dass es von allem einen Gegensatz gibt, wie Diesseits-Jenseits, Gut-Böse, Richtig-Falsch usw. P2 beruht auf (totaler) Unbewusstheit.

In P1 ist das Erleben integral. Das bedeutet, dass du dich nicht als von allem getrennt erfährst, sondern innerhalb eines Ganzen, als Teil von ALLES-WAS-IST. Hier herrschen Neutralität, Annahme und Toleranz. Das Ego verliert seine Alleinstellung. In P1 besitzt du Selbst-Bewusstsein.

P0 ist ALLES-WAS-IST. Alles geschieht aus sich heraus, es existiert nur DAS (SEIN). Auf P0 wird in den Antworten sowie im Ausblick eingegangen.

Allgemeiner Hinweis: Wiederholungen sind dem Thema geschuldet und unvermeidlich. Sie untermauern die Brisanz bestimmter Aspekte.

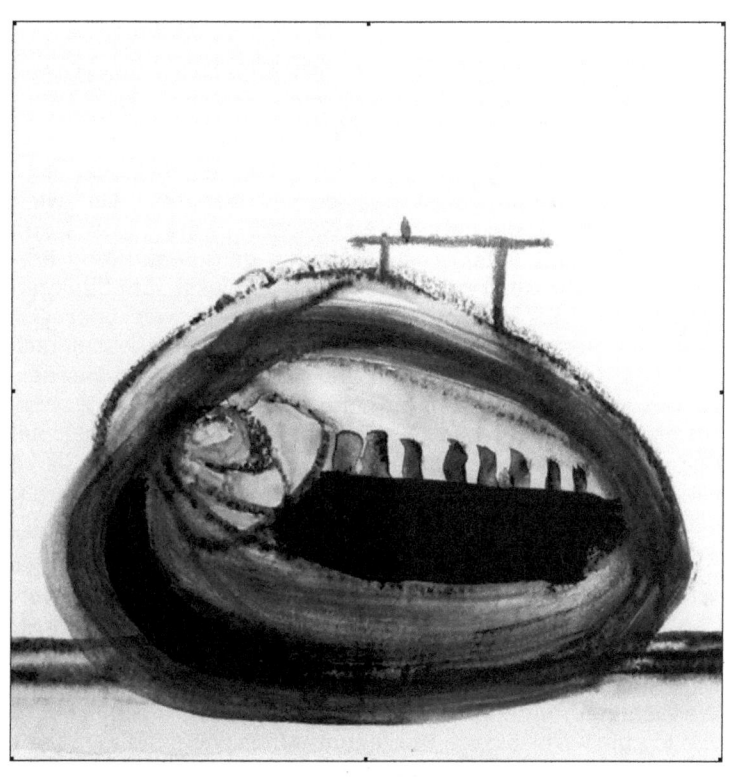

„Ruhend"

Bewusstseinsebenen

Der Mensch existiert auf drei Bewusstseinsebenen:

Unbewusstheit (Unreflexiv, Ignoranz)
Bewusstheit (Reflexion, Erkennen)
Überbewusstheit (Einsicht, Weisheit)

Mit der Erschaffung deiner Identität (Namensgebung, Subjekt-Objekt-Trennung) startet dein Programm. Du wirst konditioniert auf die Regeln und Gesetze, damit du der Norm der Gesellschaft entsprichst. Es laufen dein Leben lang Programme in dir ab, nach denen du unbewusst funktionierst, weil du sie aus einer gewissen Gleichgültigkeit oder Gewohnheit heraus nicht hinterfragst. Du nimmst es einfach hin, weil das jeder tut. Dein gesamtes Denken und Handeln basiert auf diesen Annahmen, ohne dass dir das bewusst ist. Du glaubst, du würdest selbst wählen, aber in Wahrheit hat deine Konditionierung bereits für dich entschieden. Du läufst wie eine Marionette, an deren Strippen gezogen wird, durchs Leben. Das ist die Unbewusstheit des Paradigma 2.

Durch eine Krankheit, eine Krise oder vielleicht weil du schon immer spürst, dass da „etwas ist" was gesehen werden möchte, kann Bewusstheit einsetzen. Da findet ein Erkennen statt, weil du zu hinterfragen beginnst: Warum passiert dies in meinem Leben? Was habe ich damit zu tun? Was ist mein eigener Beitrag zur Sache? Warum bin ich so wie ich bin? Wer bin ich überhaupt? Über diese Reflexion, die manchmal in Therapien beginnt, kann die Tür zu dir selbst und damit in die Bewusstheit geöffnet werden. Du beginnst deine Programme und die Zusammenhänge deines Handelns zu durchschauen. Bewusstwerdung enthebt dich automatisch aus der Opferrolle, die du in Paradigma 2 einnimmst. Erwachsenwerden durch Selbstverantwortung kann stattfinden, sobald du erkennst, dass du Einfluss nehmen kannst. Wenn du dich dann aus den (Problem verursachenden) Programmen löst, kommst du in eine gewisse Neutralität und beginnst im Bewusstsein deiner selbst zu leben. Mit dem Aufdecken der Konditionierung kann sich deine Egozentrik auflösen und du beginnst über deinen Tellerrand zu blicken. Du bist in Paradigma 1 angekommen, das dich als Teil vom Ganzen sieht.

Je weiter dein Blick dann über dich selbst hinaus geht, desto mehr verblasst deine Ich-Identität. Du bleibst zwar immer über dein Ich-*Gefühl* und deinen Körper-Geist-Organismus mit dieser Welt in Verbindung und lebst in ihr, hast jedoch das „Gefängnis" einer eingegrenzten Person verlassen, weil du beginnst, in dieser Ganzheit aufzugehen. In Paradigma 0 ist nichts mehr, was du selbst bestimmst, weil alles getan wird. Es klingt mystisch und für das Ego bedrohlich, ist aber der „paradiesische" Zustand, nach dem sich jeder Mensch in seinem tiefsten Inneren sehnt. Da lebst du im Urvertrauen das du aus deinen ersten zwei, drei Lebensjahren kennst und aus dem du „hinausgeworfen" wirst, wenn du als Kleinkind auf deine Identität programmiert wirst. P 0 stellt in diesem Buch lediglich einen Ausblick dar, denn es ist jenseits aller Probleme.

„Wenn du nachgräbst und die Quelle der Freude entdeckst, dann hast du dich gefunden."

INA

Paradigma 2

Die egozentrische Welt
(unbewusste Ebene)

Als Mensch bist du von Natur aus egozentrisch und interessierst dich in erster Linie nur für dich selbst. Alles was nicht in dein gewohntes Blickfeld passt, ist für dich ungewöhnlich und fremdartig und wird schnell als falsch oder bedrohlich betrachtet. Die Egozentrik kennt keine Toleranz und hat immer Recht. Außerdem ist der Ego-Mensch ein Meister im Ansprüche-Stellen und Erwartungen-Haben. Da nicht nur dein Ego so funktioniert, sondern auch das aller anderen, ist die natürliche Folge, dass Beziehungen unweigerlich in Enttäuschungen enden müssen, weil auch dein Partner seine (illusorischen) Wünsche auf dich projiziert. So soll der eine des anderen Bedürfnisse stillen; und das betrifft alle Beziehungsarten, die du mit Freunden, Kollegen, Autoritäten, der Verkäuferin oder deinem Haustier hast. Mit deinem eisernen Anspruch auf deine Meinung, deine Sicht, deine Einstellung und deinen Geschmack schaffst du Intoleranzen und Abwehrhaltungen.

Die egozentrische Welt basiert auf Vergleichen und Bewerten. Dein Ego will immer das Beste sein, braucht immer mehr und das möglichst von allem. Und so entstehen immer größere Illusionen, die kaum noch einer realen Grundlage entsprechen können. Nie herrscht Zufriedenheit, immer wieder entstehen neue Ansprüche. Die phänomenale Welt ist bipolar und lebt in der Spannung zwischen Gut und Böse, Falsch und Richtig. Das Leben ist geprägt von überhöhten Ansprüchen, Depressionen, Zwängen, Ängsten, Druck, Stress, Krisen und Konflikten. Und in dieser anstrengenden Welt bewegst du dich ein Leben lang – sofern du nicht aufwachst und erkennst, dass die Wirklichkeit ganz anders aussieht.

Alles was existiert ist Energie die Leben ist und aus der sich Leben formt. So bist auch du Energie, die eine menschliche Form angenommen hat. In dieser Form sieht sich dein Ego von allem getrennt, weil es nach Subjekt und Objekt unterscheidet. Es erkennt nicht, dass der andere, sei es Mensch, Tier oder Pflanze, dieselbe Energie ist, wie du selbst. Weil alles miteinander verbunden ist, hat alles was du denkst, fühlst und tust, Einfluss auf den Rest der Schöpfung. Aus dem Wunsch deines Egos nach Wichtigkeit und Besonderheit vergleicht es sich mit seinem Umfeld. Dieser Vergleich hat die Bewertung im Schlepptau und so beginnt das gnadenlose Spiel von Anziehung und Ablehnung, Besser und Schlechter. Weil das zur Manie tendierende Ego nur das Gute in dir sehen möchte, baut es automatisch Widerstand gegen das auf, was tatsächlich (negativ, schlecht) ist. Hat das Ego eine ausgeprägt depressive Tendenz, dann wird es sich immer wieder durch Negatives bestätigen, indem es Gutes abwehrt. Und weil gesundes Leben bedeutet, dass alle Energien im freien Fluss sind, bilden diese Widerstände Blockaden, die nach und nach ihre Auswirkungen in psychischen oder körperlichen Krankheiten haben oder sich in Ereignissen zeigen, die du dann als Pech bezeichnest. Natürlich unterstellt dein Ego dann den anderen, die Verursacher dieses Unglücks zu sein.

Erst wenn durch eine Krise dein Selbstbild einstürzt und du beginnst, dich und das Leben zu hinterfragen, hast du die Chance, in ein erwachsenes und bewusstes Menschsein zu „erwachen". Du erkennst dann, dass das, was du im Äußeren wahrnimmst immer nur ein Abbild deiner eigenen geistigen Verfassung und Stimmung ist. Deine nach außen projizierte Angst lässt dich deine Umwelt oder andere Personen als gefährlich wahrnehmen. Und umgekehrt wirst du Liebe spüren, wenn du Mitgefühl aussendest. Die bipolare Welt ist nicht nur der Spiegel deiner Gedanken, Emotionen und Handlungen, sondern sie basiert auf der Ordnung von Senden und Empfangen. Das bedeutet, dass das was du bewirkst, unweigerlich zu dir zurückkommt.

Gesundheit bedingt, dass alles im Gleichgewicht ist. In der Harmonie des Ausgleichs zwischen Plus und Minus herrscht Stabilität. So wie die Erde mit Naturkatastrophen reagiert, wenn sie durch menschliche Einwirkung aus ihrer natürlichen Balance gehebelt wird, so entstehen bei dir Krankheiten, wenn du fortwährend an dir vorbei lebst und dadurch ins Ungleichgewicht gerätst. Dein natürlicher Zustand ist Gesundheit – alles andere entsteht durch Negativität, falsche Überzeugungen und eingrenzende Konditionierungen. Mit Hilfe deiner Eltern und deines Umfeldes, in das du im Laufe deines Lebens hinein gewachsen bist, wurdest du in jedwede Richtung programmiert. Als konditionierter Mensch reagierst du lediglich auf diese vorgegebenen Programme. Deine Glaubenssätze, die angelernten Werte, Überzeugungen, Meinungen und Sichtweisen dirigieren dich wie ein Roboter durchs Leben. Unweigerlich kommt der Tag, an dem du, einem Schlafwandler gleich, „mit einem Bus kollidieren musst". Dies ist dann für dich die Chance, aus deinem zutiefst unbewussten, traumwandlerischen Leben aufzuwachen, was oftmals einer Krise oder schwierigen Lebensphase gleicht, die dich zur Reflexion (mit oder ohne Therapeuten) anregen möchte. Erkennst du dies nicht, bleibst du dein Leben lang ein Kind im Erwachsenen-Kostüm. Nimmst du die Herausforderung an und beginnst Verantwortung für dein Leben zu tragen, wirst du dich automatisch von den Machenschaften und Einflüssen deines konditionierten Egos distanzieren bzw. seine illusionäre Existenz erkennen. Du wirst dann fähig sein, dir eine neue Welt nach deinen dir getreuen Werten innerhalb deiner Bestimmung zu gestalten.

Ein erwachsenes Leben bedeutet in erster Linie, dass du die (kindliche) unbewusste Rolle des Opfers ablegst, dass du die Mechanismen des Lebens durchschaust und tatsächlich Verantwortung trägst für alles was du denkst, fühlst und in Handlung umsetzt. Dabei nimmst du alle deine Projektionen, die du anderen Menschen aufgebürdet hast, zurück und begegnest dir zum ersten Mal wirklich ehrlich, indem du deine Schattenseiten ans Licht bringst. Auf diese Weise wird alles Gute und Schlechte neutralisiert und du kannst mit deiner Vergangenheit in Frieden abschließen. Du erkennst nach und nach deine Konzepte, die dich eingrenzen, leiden lassen und in die Irre führen und du beginnst deine Widerstände aufzulösen, damit das Leben durch dich hindurch fließen kann. So erfährst du, dass du weit mehr bist, als das kleine, begrenzte Ego dich glauben lassen will. Der Grundstein für Paradigma 1 ist gelegt.

Paradigma 2: Kind-Ebene

Trotzreaktion, Opferrolle, Projektion und Schuldzuweisung, Verantwortungslosigkeit, Egozentrik, Narzissmus, Angst, Abhängigkeit, Vergleichen, Verurteilen, Intoleranz, Unbewusstheit

---

Paradigma 1

Integrales Bewusstsein
(selbst-bewusste Ebene)

Das Leben in Paradigma 2 schafft Probleme, in Paradigma 1 kannst du sie lösen, indem du deinen Ego-Tunnel verlässt und eine neutrale Sicht einnimmst (wenn nicht dauerhaft, dann wenigstens für den Moment der Problemlösung). Krisen können deshalb nicht in P2 gelöst werden, weil sie durch den dort gelebten Widerstand, das Vergleichen und Bewerten entstehen. Gleichfalls wirken die permanente Unzufriedenheit deines Egos und die Enttäuschungen, weil du deine Ziele zu hoch aufhängst, mit ein.

Im integralen neutralen Bewusstsein gibt es weder Bewertungen im Sinne von Urteilen noch Vergleiche. Es herrscht das Gesetz der „Einheit", was bedeutet, dass alles gleich und nichts voneinander getrennt betrachtet wird. Es gibt keine Gegensätze, kein Hoch und Tief, kein Besser oder Schlechter. Niemand hat Recht und keiner kann etwas falsch machen – Toleranz und Gleichheit auf allen Ebenen. Es liegt ganz allein an dir, ob du eine Sache als Problem betrachtest, weil du sie bewertest oder ob du eine Sache einfach so annimmst wie sie ist. Das Leben aus der Neutralität heraus sagt „ja" zu allem wie es geschieht. Du nimmst also dein Problem an, was nicht bedeutet, dass du es gut heißen musst; du hast nur zu akzeptieren, dass es da ist. Es hat seinen Sinn und deshalb ist nichts falsch daran. Aus dieser Einstellung heraus ist sofort Entspannung zu spüren und der Knoten aus negativen Gefühlen und Emotionen zur Sache kann sich auflösen.

Mit gelebter Annahme der Dinge wie sie geschehen, öffnest du das Tor zur Neutralität des integralen Bewusstseins. Hier bist du in der Einheit und siehst dich als Teil des Ganzen. Du schaust über deinen Tellerrand in die Welt hinein und fühlst dich mit allem verbunden. Durch die Auseinandersetzung mit deinen Ego-Programmen, deiner Konditionierung und Muster, blickst du durch und erfährst, dass unter der Oberfläche deiner Ego-Identität das ist, was du wirklich bist: Leben. Mit dieser Erkenntnis durchschaust du alle Bindungen und Abhängigkeiten, die dich am freien Fluss des Lebens hindern. Das geschieht rein durch Gewahrsein, indem du dein Bewusstsein in die dunkelsten Kammern deines Selbst schickst. Das was dich dabei leitet ist die Wahrheit (Intuition), die du in dir spürst. Und deine Bereitschaft, dich deinen Ängsten zu stellen, befreit dich vom Schmerz der Vergangenheit. Das was übrig bleibt ist die Freude deines So-Seins. Du lebst dann völlig frei das, was du bist, losgelöst von der Begrenztheit deines Egos. Neutralität löst jedes Problem und schafft Toleranz, was Kriege unmöglich macht. Die Annahme zerstört allen Widerstand und nimmt dem Problem jede Basis.

Es ist tatsächlich möglich, ein Leben in Frieden zu führen und das bedeutet nicht automatisch Langeweile oder Freudlosigkeit, im Gegenteil. Ich lade dich ein, dir einmal vorzustellen, wie es wäre, wenn es gar kein Gut und Böse mehr gäbe. Alles was du tust und bist wäre völlig in Ordnung so wie es ist. Du müsstest weder etwas sein, noch etwas werden oder erreichen. Bewertungen gäbe es nicht mehr, weil du alles was ist einfach so annehmen kannst wie es ist – auch dich selbst. Du würdest dich deiner inneren Führung überlassen, im vollkommenen Vertrauen darauf, dass alles was geschieht in irgendeiner Weise gut für dich ist. Du wüsstest, dass deine Welt sich danach gestaltet wie du schaust und wohin sich deine Aufmerksamkeit wendet. Du hättest eine Tiefe des Bewusstseins erlangt, die dich die Welt in all ihrer Schönheit sehen lässt. Du würdest beginnen, Dinge zu sehen und zu spüren, die du zuvor weder gespürt noch gesehen hast. Du würdest einfach durchblicken. Vieles von dem, was das Leben in P2 dir geboten hat, wäre so unwichtig, weil du es einfach nicht mehr brauchst. Da wäre kein Verzicht den du üben müsstest; alles geschähe von selbst. Die gute Nachricht ist, dass dies nicht Traum und Vorstellung bleiben muss, sondern dass du dies wirklich leben kannst, wenn du willst.

Im Grunde besteht der gesamte menschliche Reifungsprozess darin, immer wieder weiter zu gehen, über alle Geschehnisse und Erfahrungen hinaus zu gehen. Das Leben, richtig gelebt, bedeutet fließen lassen, Veränderung, „dem Alten sterben" und Neues hereinlassen. Das ist die Bedeutung von „im Jetzt leben", weil du das Vergangene in jedem Moment loslässt. Tust du es nicht, entstehen Schmerz, Leid, Stillstand – totes Leben. So liegt es an dir zu entscheiden, in welchem Paradigma du dich aufhalten möchtest. Mag sein, dass es sich leichter anhört, einfach unbewusst in der Opferrolle bleiben zu können, denn da bist du weder Schuld, noch kann man dich für etwas verantwortlich machen. Du bist jedoch andererseits vollständig deinen Konditionierungen ausgeliefert und lebst nur „so als ob". Im Gegensatz dazu kann ein erwachsenes verantwortliches Leben in P1 anstrengend erscheinen. Aber wenn du je erlebt hast, wie es sich anfühlt, mit dem Leben zu fließen, dann ist eine Entscheidung hinfällig, weil offensichtlich. Es kann nichts leichter sein als dich führen zu lassen, im Vertrauen darauf, dass all das, was in dein Leben tritt, für etwas gut ist.

Neueste Beobachtungen zeigen auf, dass sich Wissenschaft und Spiritualität annähern und P1 bestätigen. Das, was seit Jahrtausenden durch die Mystik von Ost und West bereits erkannt wurde, wird heute mehr und mehr wissenschaftlich bestätigt. Beide Strömungen, zuvor strickt getrennt und scheinbar gegensätzlich, nähern sich an. Endlich erkennt die Menschheit, dass der Sinn des Lebens nicht in diesem oberflächlichen, gar lächerlich traumwandlerischen Leben besteht. Du bist hier, um dich selbst zu erkennen. Dein Potential ist unerschöpflich. Wenn du zu spüren beginnst, wie grenzenlos du eigentlich bist, entstehen tiefe Dankbarkeit und immense Freude in dir. Das ist das Leben in seiner Leichtigkeit, ohne jegliches Problem, weil alles sein darf wie es ist – auch du!

In P1 existieren überhaupt keine Probleme und zwar deshalb nicht, weil es keinen Vergleich gibt, keine Wertung und kein Wollen von etwas, was noch gar nicht da ist. Es gibt weder Vergangenheit, die dich in der Erinnerung leiden lässt, noch Zukunft, vor der du Angst haben musst, weil du keine Ahnung hast, was auf dich zukommt. Wenn du verstanden hast, dass dein Leid durch Widerstand entsteht und zwar durch dich selbst erschaffen, dann erkennst du, dass du nur diesen Widerstand lösen musst, damit Entspannung eintreten kann und du wieder deine Mitte findest. Da du aber in der Regel keinen Einblick in P1 hast, zumindest nicht bewusst, kannst du keine Lösung finden, weil die Gedanken der Problementstehung und der Problemlösung auf der gleichen Ebene ablaufen, eben nach den Bestimmungen in P2. Wenn du deine Probleme nachhaltig lösen und vielleicht grundsätzlich mehr Gelassenheit und Freude in dein Leben bringen möchtest, musst du deine Gedanken, also deine Sicht und Einstellung ändern.

Wenn du dich auf eine integrale, neutrale Sicht einlässt, kannst du sehen, wie sich deine Konflikte, deine depressive Verstimmung und deine Angst in Luft auflösen. Das bedeutet nicht, dass du auf Dauer in P1 integriert sein musst, wenn du das nicht möchtest. Du kannst dieser Ebene auch Besuche abstatten, die dem Zweck der Problemlösung und Erweiterung deines Bewusstseins dienen. So bleibst du weiter in deinem „normalen Leben" und alles darf wie gewohnt verlaufen, jedoch um die eine oder andere negative, eingrenzende Überzeugung leichter.

Im übrigen ist dir P1 sicherlich nicht unbekannt, denn unbewusst hast du dieser Ebene schon „Kurztrips" abgestattet: Es sind die Momente, in denen du ganz in deiner Bestimmung agierst, vielleicht auch ein bestimmtes Talent in dir wirkt (Kunst), du dich in einem gefühlten „flow" befindest. Ein wunderbarer Zustand, der dann eintritt, wenn die Person, also das Ego, auf die Seite tritt und dein wirkliches So-Sein sich Ausdruck verleiht.

Paradigma 1: Erwachsenen-Ebene

Selbstverantwortung (Mut zur „Täterschaft"), Vertrauen, Verständnis, Mitgefühl, Toleranz, Souveränität, Selbstsicherheit, Stabilität, Reflexionsfähigkeit, Unabhängigkeit, Bewusstheit

Ego und Dualität

Die phänomenale Welt in der du als Mensch lebst ist bipolar, weil sie von allem was in ihr existiert das Gegenteil kennt. Das ist bekannt und muss an dieser Stelle nicht weiter erklärt werden. In mehr oder weniger spirituellen Kreisen wird auch von der Dualität gesprochen, die manchmal mit dieser Polarität gleichgesetzt wird, was jedoch so nicht stimmig ist. Mit Dualität ist die Aufspaltung des Körper-Geist-Organismus in Subjekt (Ich) und Objekt (Du/Außenwelt) gemeint. Sie kennt auch den Aspekt der Trennung deiner selbst von einem Gott (Höheres Wesen oder Macht). Da gibt es nämlich dein Ego-Ich und quasi ein Ich-Ich, das entweder „Höheres Selbst" genannt wird, wenn es intrapsychisch wahrgenommen wird oder „Gott", wenn es nach außen projiziert wird. Die Entdeckung, dass es eigentlich nur Einheit gibt, du also beides in EINEM bist, ist das Ziel jedes spirituellen Weges bzw. Konzeptes (Paradies, Nirwana, Nichts, Leerheit).

Es wird dich jetzt vielleicht überraschen, wenn ich dir unterstelle, dass es auch dein Lebensziel ist. Du weißt es nur nicht, weil du dich (noch) nicht bewusst damit auseinandergesetzt hast, wer du wirklich bist. Und damit geht es dir wie dem Rest der Menschheit, der unbewusst vor sich hin lebt und keine Ahnung hat, wie er überhaupt eigentlich funktioniert. In intensiven Momenten nimmst du vielleicht diese Zweiheit in dir wahr, wenn du spürst, dass dein Verstand eine Entscheidung trifft, während dein Bauchgefühl, das du als Intuition beschreibst, anderer Meinung ist. Vereinfacht ausgedrückt könnte man sagen, dass der Verstand das Ego ist und die Intuition das Höhere Selbst (Gott).

Irgendwann im Laufe der Evolution hat der Mensch angefangen „dem falschen Gott zu dienen". Man brachte den Kindern bei, dass sie „zuerst denken sollen, bevor sie den Mund aufmachen". So begann die Odysee der Menschheit, weg von der ursprünglichen inneren Weisheit in die Verwirrungen eines konditionierten Verstandes, dessen Gier nach immer mehr sich mit der Zeit in einen Größenwahn hinein entwickelt hat. Was ursprünglich lediglich als „funktionales Programm" des menschlichen Körper-Geist-Systems gedacht war, begann sich zu verselbständigen und fand seine Identität im Ego-Ich. So glaubst du heute, dass du dieses Ego bist, welches du Ich nennst. Wenn du aber ernsthaft auf die Suche nach einem Ich gehst, wirst du feststellen, dass du es nicht wirklich finden kannst. Da gibt es nirgendwo einen Ort in deinem Körper, wo es seinen Platz hat. Das Ich existiert nur in deiner Vorstellung und ist nicht real. Die Wissenschaft unterstützt heute die in der Mystik seit Jahrtausenden bekannte Wahrheit, dass das Ich im Grunde ein Gedankenkomplex ist. Das Ego-Ich ist als die Summe deiner Konditionierungen und Überzeugungen lediglich ein Programm, eine Software, wenn du so willst.

Du kannst das ganz leicht überprüfen, indem du dich fragst, ob du als Ego-Ich tatsächlich Einfluss auf deine körperlichen Prozesse nehmen kannst. Dein Ego möchte jetzt wahrscheinlich argumentieren, dass ja das Gehirn die Funktionen der Organe überwacht. Und das mag vielleicht so sein; aber kann dein Ego dein Gehirn beeinflussen? Kann es ihm Befehle geben, zum Beispiel, dass das Herz langsamer schlagen oder der Magen schneller verdauen soll? Du musst nicht wirklich lange darüber nachdenken, um festzustellen, dass dem nicht so ist. Das Ego trägt lediglich den Namen deines Programmes, das dir über den Verstand, deine Prägung und alle deine Konditionierungen eingespielt wurde.

Dieses Ego-Ich in Summe des Verstandes weiß insgeheim, dass es nur eine Gedanken-Illusion ist und eigentlich keine wirkliche Funktion, geschweige denn echte Macht besitzt. Es weiß, dass da etwas viel Größeres existiert, das alles weiß und alles ist. Dieses Größere ist ebenfalls in dir (und außerhalb und überall). Es ist das, was in Wahrheit deinen Körper-Geist-Organismus „im Griff hat". Es ist das Leben selbst, das du bist. Es gibt nur dieses EINE, das viele Namen hat. Aber alle Namen können nicht das beschreiben, was es ist. Es liegt jenseits des Verstandes und kann nicht begriffen werden. Doch du bist ein Ausdruck dieses Lebens; und ich bin es, sowie jeder Freund, jeder Feind, jedes Tier, jede Pflanze - alles was existiert ist dieses EINE Leben (ONE LIFE). Es ist das Ich-Ich, das hinter (unter/über) dem Ego-Ich ist. Das Ich-Ich ist ALLES-WAS-IST. Es ist das, woraus deine (Ego-)Person entspringt und wohinein sie sich wieder auflöst, wenn du als bewusster Mensch die Ich-Illusion zeitlebens durchschaust oder wenn als unbewusster Mensch dein Körper-Geist-Organismus stirbt.

Wer mit dieser Tatsache überhaupt nicht klar kommt, ist dein Ego-Ich. Das Ganze spitzt sich zu, wenn es an seine Grenzen stößt und erkennt, dass es im Grunde machtlos ist. Das sind die Momente, in denen du als Mensch mit Ängsten, Panikattacken, Zwängen oder auch Depressionen und Burnouts zu tun bekommst. Das Ego misst sich ständig mit diesem grenzenlosen Ich-Ich, das es gerne sein möchte. So leidet es entweder, weil es alles tut und doch nie ausreichen kann oder es leidet, weil es bereits alles hat und dieses vermeintliche Glück nie von Dauer ist. Das Ego-Ich lebt in seiner kleinen, begrenzten, subjektiven Welt und tut alles um diese Welt unter Kontrolle zu halten. Es manipuliert, verdrängt Schwäche und Unschönes ins Unterbewusstsein, projiziert Unangenehmes auf andere, vergleicht, neidet und verurteilt. Es ist höchst intolerant, will immer Recht haben und bekämpft alles, was sich nicht seiner Ego-Sicht unterordnet. Darin liegt der Keim aller Probleme und aller Konflikte, die du in dir und außerhalb von dir mit deiner Umwelt führst.

Sicher gibt es auch Egos, die viel Gutes tun und hilfsbereit sind. Das sind dann die Gutmenschen, von denen du glaubst, sie wären frei von all diesen Attributen, die wir dem gierigen Ego unterstellen. Doch wenn du diese Gut-Egos beleuchtest, dann wirst du feststellen, dass bei manchen das Verlangen nach „immer ‚guter' werden" wirkt oder dass die Hilfe nicht ganz zweckfrei geschieht, weil Dank, Lob oder Anerkennung erwartet werden. Das unbewusste Ego kann nicht agieren, ohne dafür eine Gegenleistung zu verlangen. Ohne Gegenleistung wirkt nur die Nächstenliebe (Mitgefühl), die entsteht, wenn du die Machenschaften deines illusionären Egos durchschaut und deinem Ich-Ich Platz gemacht hast. Was dazu notwendig ist, ist Wahrheit!

Zusammengefasst kannst du sagen, dass es im Grunde keine Probleme *gibt* weil sie *gemacht* werden. Sie sind ein künstliches Konstrukt deines Egos, das entweder aus einer Sache ein Problem macht oder noch eines drauf setzt und sich ein Problem ausdenkt, wenn gerade keine Sache parat ist, aus dem man ein Problem dramatisieren könnte. Das Ego liebt Probleme, weil es Probleme braucht, um sein Dasein zu berechtigen. Es zieht seine gesamte Identität aus Problemen, die es vermeintlich löst, nachdem es sie fabriziert hat. Warum tut es das? Weil aus einem verwirrten Geist nichts Gesundes entstehen kann und weil es sonst nix zu tun hat. Alles andere im Körper-Geist-System läuft von selbst. Das Ego ist überflüssig und kann sich nur dann wichtig fühlen, wenn es etwas Wichtiges zu lösen gibt. Es ist immer auf der Suche nach etwas, womit es sein Dasein berechtigen kann.

„Besondere" Egos machen sich gar auf, um nach dem Sinn des Lebens bzw. nach der Wahrheit zu suchen. Doch es stellt sich dann heraus, dass dieser Weg durchaus schwierig und herausfordernd sein kann, was dem bequemen Ego dann doch zu anstrengend wird. Deshalb machen „clevere" Egos rechtzeitig kehrt auf dem (spirituellen) Weg, wenn sie spüren, dass es jetzt doch ein wenig eng wird für sie. „Dumme" Egos hingegen nehmen in Kauf, dass es ihnen beim Fortschreiten des Weges ernsthaft „an den Kragen geht", bedeutet das Ziel doch das Auslöschen seiner selbst. Doch wenn du durchhältst und „dumm" genug bist weiter zu gehen, wirst du feststellen, dass sich damit alle Probleme für alle Zeiten in Luft auflösen - so wird die vermeintliche Dummheit zur höchsten Intelligenz.

„Du bist das, was dein tiefes, treibendes Begehren ist.
Wie dein Begehren ist, so ist dein Wille.
Wie dein Wille ist, so ist dein Tun.
Wie dein Tun ist, so ist dein Schicksal."

Shvetashavatara-Upanishad

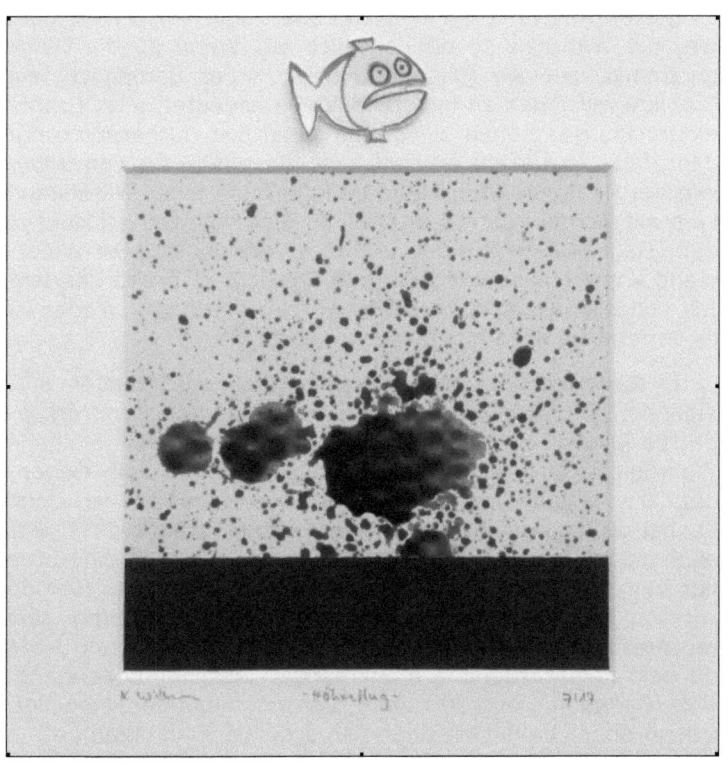

„Höhenflug"

Reaktion und Widerstand

Dieser Abschnitt kann leicht und zügig erklärt werden, weil die Wahrheit so offensichtlich ist: Wenn du die Dinge annimmst, wie sie (dir) geschehen, ist es unmöglich, ein Problem mit ihnen zu haben. Hingabe bedeutet, alles (unbeeindruckt) geschehen zu lassen. Dazu bist du natürlich nur dann fähig, wenn du erkannt hast, dass jede Art von *unbewusster* Reaktion Widerstand bedeutet und jeder Widerstand Leid mit sich bringt; sei es, weil du dich rechtfertigst oder in den (Gegen-)Angriff gehst und dich verteidigst. Aller Widerstand kommt ausschließlich vom Ego-Ich, während das Ich-Ich von allem unberührt bleibt was dir geschieht. Weder ist es verletzbar, noch nimmt es sich wichtig.

In P2 wirken die beschriebenen Gesetzmäßigkeiten aufeinander ein; dem kannst du nicht entgehen. Wenn du jedoch erkennst, dass alles im Außen dir lediglich deine eigene Wahrheit spiegelt und dass jede Reaktion die dein Gegenüber dir zeigt, deiner eigenen Aktion entsprungen ist, dann kannst du bewusst damit umgehen. Du verstehst, dass, was auch immer in der Außenwelt geschieht, etwas mit dir zu tun hat und dass dir alles dienlich ist, um zu erkennen wer du wirklich bist. Wenn du authentisch und wahrhaftig sein möchtest und diese Sicht verinnerlichen kannst, dann wirst du bald keine Probleme mehr haben. Jeglicher Widerstand, jede Reaktion geschieht vom Ego-Ich aus, das beleidigt, trotzig oder verletzt ist oder sich schuldig fühlt. Wenn du in dir bleibst, dann wirst du niemanden mehr für das verantwortlich machen, was dir geschieht.

Das bedeutet nicht, dass du dir alles gefallen lassen musst und nichts verändern darfst, im Gegenteil. Wenn Probleme da sind, ist Veränderung gefragt, welcher jedoch kein Widerstand vorausgehen muss. Nimm die Sache an, weil sie schon geschehen ist. Schaue, wie du sie lösen kannst und dafür gibt es nur zwei Möglichkeiten: Entweder du löst den Konflikt im Außen oder im Innen. Außen bedeutet, dass du mit deinem „Kontrahenten" die Sache klärst und bereinigst und da veränderst, wo Veränderung notwendig ist und akzeptierst, wo Akzeptanz verlangt wird. Innen bedeutet, dass du bei geforderter Akzeptanz deine Einstellung zur Sache verändern musst um auch innerlich konfliktfrei sein zu können. Ist die innere Akzeptanz nicht möglich, muss die äußere Veränderung stattfinden. All dies kann vollkommen ohne Widerstand geschehen. Denn Widerstand blockiert deinen Lebensfluss, kostet dich unglaublich viel Energie und macht dich müde und krank.

„Leid ist die Diskrepanz zwischen dem, was du sein sollst und dem, was du wirklich bist."

INA

Krankheit

Damit Krankheit entstehen kann, muss „Verblendung" vorliegen; entweder durch Selbstlüge, weil du etwas nicht sehen möchtest oder durch Überhören deiner inneren Warnsignale, die auf Wahrheit verweisen bzw. dich darauf aufmerksam machen wollen, dass du gerade nicht in innerer Übereinstimmung handelst, also nicht kongruent bist. Dein Körper ist auf Gesundheit ausgerichtet. Krankheit ist lediglich ein Ausgleichs-Mechanismus, wenn deine Balance nicht stimmt. Dein Körper-Geist-Organismus wägt selbständig kleine Missverhältnisse ab, ohne dass du das bemerken musst; das ist gar kein Problem für ihn. Es wird erst dann schwierig, wenn du nicht authentisch handelst und Dinge von dir forderst, die du eigentlich gar nicht tun willst oder wenn du übertreibst und ständig mehr von dir verlangst, als dein Organismus leisten kann. Krankheit entsteht, wenn sich dein Geist mit zuviel Ego-Verlangen identifiziert hat und alles aus dem Gleichgewicht gerät. Äußere Einflüsse wie Viren oder Bakterien haben nur dann die Chance deinen Körper krank zu machen, wenn du zuvor dein Immunsystem durch entsprechendes Verhalten belastet und geschwächt hast.

Der Geist ist mit dem Körper verbunden, sie sind EINS und nicht voneinander getrennt. Und so geschieht es, dass du krank wirst, weil du an Krankheit glaubst, weil du dir Angst machen und Impfungen gegen eine Krankheit verschreiben lässt, die nur möglicherweise eintreten könnte, also noch gar nicht da ist; du handelst also im „könnte-der-Fall-sein-Modus". Warum solltest du krank werden, wenn du in Übereinstimmung mit dir lebst? Wozu sollte Krankheit dich wachrütteln wollen, wenn du dir gegenüber ehrlich bist? Warum kreierst du dir selbst das Problem „Krankheit"? Nichts ist voneinander getrennt und deshalb wirkt das, was du denkst, auf alles ein, auch auf deine Gesundheit.

> „Krankheit ist das Unvermögen des Geistes,
> gesund zu denken."
>
> Ralph Waldo Emerson

Denken

„Ich denke, also bin ich", das ist das, was große Denker denken. Was die Evolution ursprünglich zur Entwicklung des menschlichen Lebens hervorbrachte hat sich im Ego-Ich verselbständigt. Das Denken zu nutzen macht Sinn; vom Denken benutzt zu werden jedoch weniger. Kann Leben ohne Denken existieren oder Denken ohne Leben? Um es kurz zu machen: Auch große Denker können irren. Es ist wunderbar, dass du deine Probleme mit deinem Denken lösen kannst. Aber noch besser wäre, wenn sie durch dein Denken überhaupt nicht erst entstehen würden. Wenn du diese Aussage für dich überprüfst, wirst du erkennen, dass deine Probleme erst dann auftauchen, wenn du über das, was geschehen ist oder vermeintlich geschehen wird, nachdenkst. Wenn du also eine Situation gedanklich auseinandernimmst und dich fragst, wer nun Recht oder Unrecht hat, ob es richtig oder falsch war usw. Wenn dich zum Beispiel jemand beleidigt und du aber ausnahmsweise einmal nicht darüber nachdenkst was er gerade gesagt hat, könnte dich das vielleicht nicht wirklich krass beeindrucken. Ohne Denken wäre viel mehr Ruhe in deinem Kopf und du könntest mit allem entspannter umgehen.

Das Denken als Vehikel des Verstandes benutzt, ist überaus sinnvoll und versetzt dich in die Lage, wunderbare Dinge ins Leben zu rufen, so lange es einem gesunden Geist entspringt; denn die mit einem verwirrten Ego verbundenen Gedanken erschaffen entsprechend Geisteskrankes. Das Denken entsteht vor/mit Maya, da sie die Bilder (Vorstellung) dazu liefert. Gedanken sind mit dem Bewusstsein in das gesamte Körper-Geist-System verwoben und können deshalb nicht einzeln verortet werden. Sie spielen überall mit und mischen sich ein. In Verbindung mit dem Ego-Ich haben sie die Macht übernommen und machen dich in deiner erdachten Wertvorstellung entweder klein oder groß.

Du hast die Chance, dich aus deinem Gedanken-Ego zu befreien, wenn du die Lüge durchschaust und erkennst, dass du „nicht bist weil du denkst", sondern dass du sein kannst, auch ohne (so viel, überzogen oder krank) zu denken. Das soll nicht bedeuten, dass du auf das Denken verzichten sollst (was sowieso nicht möglich wäre), sondern dass du erkennst, dass das Denken nicht an erster Stelle steht, dass ihm nicht der 1. Platz gebührt, sondern dass es sich in sein Dasein als Funktion einzureihen hat. Du BIST ohne zu denken, daran besteht kein Zweifel und du fühlst dich leichter und freier, wenn das kranke Denken von dir abfällt. Dann spürst du, dass sich die Dinge auch von alleine regeln können und dass das ohne Einmischung des Denkens sogar besser funktioniert. Erkenne, dass das Denken Probleme nicht löst, sondern sie vor allen Dingen erschafft. Sei einfach bewusster, wenn du denkst und glaube nicht alles, was dein Verstand dir einflüstern will (Größenideen, Angst). Beobachte deine Gedanken und hinterfrage sie nach Wahrheit. Lasse dir nicht einreden, dass du ein Problem haben könntest, wenn noch gar keines da ist.

„Ich denke, also bin ich nicht.
Ich denke nicht, also bin ich."

INA

Fehler . Vergleichen . Bewerten

Die Basis deines Befindens liegt im Vergleichen und Bewerten. Dein Ego ist unaufhörlich damit beschäftigt, sich mit anderen Ichs zu vergleichen: Sind die anderen schöner, haben sie mehr erreicht, sind sie leistungsfähiger, haben sie weniger Schwächen, ist das Glück mehr auf ihrer Seite? Je nachdem, wie das Messen ausfällt, fühlst du dich dann wertvoll oder wertlos. Dein ganzes Leben steht und fällt mit dem Ergebnis deines Vergleiches. So bist du abhängig von deiner Außenwelt, von deren Lob und Anerkennung. Die Bewertung vollzieht sich nach außen und so wird der andere zur Projektionsfläche deiner inneren Bilder. Beobachte einmal einen Tag lang, wie stark das Ausmaß deines Vergleichens und Bewertens ist. Du wirst feststellen, dass es fast ohne Unterbrechung 12 Stunden lang geschieht. Ist das nicht erschreckend? Einen Hauptteil deines Lebens verbringst du damit, dich mit anderen zu vergleichen und zu bewerten, was überdies Intoleranzen schafft. Wenn du übst, dich und jeden anderen einfach sein zu lassen wie er ist, ohne in den Vergleich zu gehen, dann wirst du sehr schnell spüren, welche Erleichterung das mit sich bringt. Da ist dann kein Selbstwert mehr, der unaufhaltsam „gefüttert" werden muss, während er zuvor zwingend notwendig erschien. Wenn keine Bewertung mehr stattfindet, entsteht Freiheit.

Das Gleiche gilt für Fehler, die im Grunde nicht existieren, weil es weder „Falsch" noch „Richtig" gibt. Beides sind wieder nur Werturteile, Polaritäten, die vom Ego-Geist geschaffen sind. Wenn du erkennest, dass das Leben einfach nur Leben bedeutet, ohne jeglichen besonderen Wert, dann wirst du feststellen, dass dir alles was dir geschieht auf deinem Weg einfach nur dienlich ist. Alles was du als Fehler betrachtest, ist lediglich eine Erkenntnis, eine Erfahrung, die quasi als Korrektiv wirkt. Was könnte daran falsch sein? Ein Fehler ist lediglich das Hervortreten von Wahrheit; es kann nichts Besseres geben, weil DAS Leben nur Wahrheit kennt.

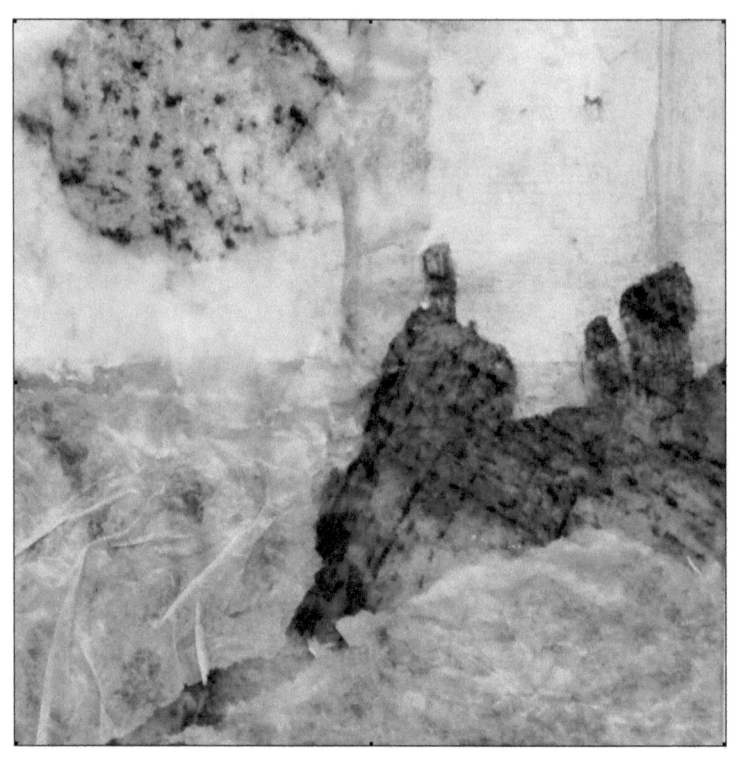

„Warten"

Mayas Geheimnis

Wenn du dich schon einmal mit den östlichen Weisheitslehren befasst hast, dann hast du vielleicht schon etwas von Maya gehört. Sie scheint ein komplexes Konzept zu sein, das kaum irgendwo klar beschrieben ist. So ist sie selbst das Geheimnis, das um sie und ihre Schleier gemacht wird. Wenn du aber die Mühe nicht scheust und diese geheimnisvollen Schleier zu lüften versuchst, dann kannst du die wunderbare Schöpferin erkennen, die sich dahinter verbirgt - die Vorstellungskraft. Maya ist der erschaffende Impuls, die Idee, auf der jedwede Umsetzung basiert und die Kreativität, die aus dir einen Schöpfer macht. Ohne Vorstellungskraft gibt es kein Entstehen von irgendetwas. Maya ist der Schöpfergeist, der dich durchdringt und mit ihrer Vorstellung beginnt die Welt für dich zu existieren. So ist Maya in letzter Konsequenz die phänomenale Welt selbst, weil sie alles ist, was in ihr durch Schöpfergeist entsteht. Alles was du in deinem Leben ausdrückst und manifestierst, *musst du dir zuvor vorgestellt haben*. Das schließt auch alle Beziehungen, Situationen und Geschehnisse ein. Du triffst auf Menschen und stellst dir vor, wie sie sind. Dann malst du dir auch Sachen aus, die ihr gemeinsam tun oder Dinge, die geschehen könnten.

Maya nutzt deine Sinne, die dich zwar sehen, fühlen, schmecken, riechen und hören lassen; aber daraus alleine entsteht noch nichts Lebendiges. Die Sinne liefern dir im Grunde lediglich Informationen über Dinge mit denen du in irgendeiner Weise in Berührung kommst oder in Beziehung trittst. Erst durch Maya, die sich vorstellt, was mit dem oder durch das, was du über die Sinne wahrnimmst, geschehen könnte, entsteht deine „phantasievolle" Welt. Maya zieht Vergleiche und lässt innere Bilder der Vergangenheit oder Zukunft entstehen. So macht sie dich zum Träumer deiner Träume.

Maya ist unverzichtbar und in ihrem Wirken neutral, denn ohne Vorstellungsvermögen gäbe es diese Welt, so wie du sie erlebst, mit ziemlicher Sicherheit nicht. Es geschähe nahezu „Nichts", was uns in gewisser Weise auf Paradigma 0 verweist. Mit all dem, was du über die Sinne erfährst, würde ohne Schöpfergeist kaum etwas geschehen. Vielleicht erschien dies aus „göttlicher Sicht" etwas langweilig und so wurde Maya erfunden, um „die Blume des Lebens zum Blühen zu bringen".

Wenn du dich jetzt fragst, was Maya mit deinen Problemen zu tun hat, so lautet die Antwort: alles! Weil Maya quasi die Ursache aller Manifestationen und Geschehnisse deines Lebens ist, gilt das natürlich auch für deine Probleme. Der Schöpfergeist kann sich nämlich auch von der anderen Seite zeigen, wenn das Ego dafür sorgt, dass du dich auf deiner Reise durch das Leben verirrst und dich in Illusionen verrennst. Es ist das Hineinsteigern, Dramatisieren, Schlechtmachen und Ablehnen von Dingen, die *in deiner Vorstellung* in deiner Welt geschehen (ohne Vorstellung geschieht *nichts*!). Da ist die Gier deines Egos nach ständigem Haben-Wollen und Nicht-Genug-Bekommen und da ist das scheinbare Versagen, das anderen in die Schuhe geschoben wird. Da geschieht Verblendung durch Neid und Missgunst und da macht die Maßlosigkeit alles zur Sucht. Hirngespinste sehen Gefahr und Angst wird geboren. Hinter all dem steht das überdimensionale Selbstbild eines wahnhaften Ego-Ich, das jede Vorstellung zur Fatamorgana verzerrt. So wird Maya zum Zerrspiegel deiner verwirrten Projektionen. Und weil dein Ego ihren entstellten Anblick nicht erträgt, wird sie mit Schleiern verhüllt (*). So wird die Wahrheit unkenntlich gemacht und dein Ego kann weiter fröhlich alles was es nicht wahrhaben will in die Außenwelt projizieren oder Maya schuldig sprechen. So bleibt verborgen, dass das Ego durch seine verzerrte, verlogene Sicht dein einzig wahres Problem ist. Deine Aufgabe ist es, Mayas Schleier zu lüften und zu erkennen, dass es kein Problem gibt, wenn dein Ego die Vorstellungen nicht verzerrt und dass es darüber hinaus ohne Ego auch niemanden gibt, der überhaupt ein Problem haben kann.

(*) In der östlichen Literatur liest du überwiegend, dass Maya die Schleier senkt. In meiner Erfahrung ist es umgekehrt: Nicht Maya verschleiert die Wahrheit, sondern das Ego. Somit wäre Maya aus dieser Sicht die letzte Projektion (im Sinne von „die Schuldige"), die erkannt werden muss, damit Wahrheit gelebt werden kann.

Angst

Das krankhaft überzogene Ego „leiht" sich Mayas Vorstellungen und macht sie zu unerreichbaren Idealen, denen du dein Leben lang nachhechelst. Das was aus Maya ursprünglich als unbewertetes Bild hervortrat, wird durch die korrupten Gedanken deines Egos zur Illusion aufgebauscht. Der erschaffende Aspekt Mayas beginnt aus seiner Neutralität zu schwanken und in zutiefst negatives oder vollkommen übertrieben positives Schöpfertum abzudriften (P2). Die aufgeblähten Vorstellungen werden aus ihren bodenständigen Angeln gehoben und die Luftschlösser verlieren ihr Fundament. Du hebst ab und verlierst dich in einem Leben, das jenseits der Wahrheit ist. Dabei betrachtest du das, was du bewirkst, erlebst und das was du bist mit einer rosaroten Brille.

Doch nichts geht verloren, alles wird offensichtlich, irgendwann. So spürst du in deinem Inneren, dass etwas nicht stimmt. Und dieses Gefühl verstärkt sich, wenn das Leben anfängt, ungemütlich zu werden, weil die Wahrheit an die Kellertür klopft. Da gibt es auf einmal Grenzen, die dein Ego nicht überschreiten kann und da sind Ziele, die sich als unerreichbar herausstellen und Frust auslösen. Die Widerstände häufen sich und das Glück scheint dich verlassen zu haben. Es wird offensichtlich, dass das Ego dich auf einen Irrweg gelenkt hat.

Zuerst entstehen vage Unsicherheiten und unangenehme Fehler häufen sich. Das Gefühl, nicht mehr gut genug zu sein, wird stärker. Im Vergleich mit anderen bleibst du zurück. Angst entsteht, weil du das Gefühl hast, zu versagen. Die Spirale beginnt sich rückwärts zu drehen und deine Maske fängt an sich abzulösen. Dein wahres Gesicht will zum Vorschein kommen, was dein Ego zu Tode erschreckt, denn das bedeutet, dass es ausgespielt hat und seine Macht verliert. Die größte Angst ist die vor der Wahrheit, wenn du entdeckst, wer du wirklich bist und sich der Zauber der Spaß-Welt in Luft auflöst. Was bleibt übrig von deinem Ego, wenn alle Ablenkungen im Garten der Illusion dir nichts mehr bieten können? Wer bist du ohne deine Erfolge? Kannst du noch funktionieren, wenn dir deine Abhängigkeiten und Süchte genommen werden? Wer bist du ohne all dies?

Wenn Mayas Schleier beginnen sich zu heben, weil das Ego an seine Grenzen stößt und du erkennst, dass alle diese Dinge dich nicht wirklich glücklich machen können, tritt Angst auf. Die Angst geht Hand in Hand mit der Wahrheit und sie löst sich mit jeder kleinen Ego-Lüge auf, die du durchschaut hast. Angst ist das Druckmittel deines Egos, mit dem es dich daran hindern will, die Wahrheit zu erkennen. Deshalb kann sie sich verstärken, wenn Verlust eintritt oder Verzicht droht. Doch wenn du diesen Mechanismus durchschaust, verliert die Angst ihre Macht über dich. Du kannst sie dann sogar willkommen heißen, weil sie dir zeigt, dass du auf dem einzig richtigen Weg bist. Wenn du selbst zur Wahrheit geworden bist verschwindet die Angst, weil du das gefunden hast, wonach du auf der Ego-Ebene erfolglos suchst: Dich als EINS, das kein Zweites braucht. Nichts fehlt mehr; du bist vollständig.

„Angst ist die Begrenzung deines Potentials und kann nur im Ego-Geist existieren."

INA

„Für dich"

Weg der Wahrheit

Die Wahrheit verbrennt alle Illusionen. Sie lässt keine Zweifel offen und klärt jeden trüben Blick. In Wahrheit zu sein bedeutet bewusst zu sein, den Durchblick zu haben. Du weißt wer und was du bist und welche Bedeutung du im Ganzen hast. Mayas Schleier sind gelüftet, die Illusionen durchschaut. Klarheit lässt dich die Einfachheit des Lebens entdecken und die Schönheit, die in dieser Wahrheit liegt. Darin können keine Konflikte überleben, weil es keine Grundlage mehr gibt. Da existiert kein einziger Gedanke mehr, der dich glauben lassen will, dass alles anders sein muss, als es ist. Wahrheit ist der einzige Weg, der dich zu dir selbst (zurück)führt.

Im Grunde kannst du alles auf einen Satz beschränken: Sei ehrlich zu dir selbst, lebe kongruent das was du bist und nimm bei allem was du tust die Wahrheit zur Basis. Wenn Wahrheit die Quelle deines Denkens ist, dann ist sie es gleichfalls für dein Handeln. Wenn dein Handeln auf Wahrheit beruht, bist du authentisch, was dich für andere vertrauensvoll macht. Wenn dein Denken mit deinem Handeln übereinstimmt, weil es einem Ursprung entstammt, bist du automatisch im Gleichgewicht von Gesundheit. Da gibt es keine Diskrepanz mehr, die zwischen Vergangenheit und Zukunft schwankt, weil die Gegenwart deine Basis ist. Es existiert Übereinstimmung mit dem So-Sein dessen was ist. Wenn Wahrheit die Grundlage deines Geistes ist, ist dein Bewusstsein klar und weise. Alles was du tust ist sinnvoll. Dein Handeln geschieht aus freiem Geben und ist somit ein Segen für alle, die darin involviert sind.

Wenn alles was du tust aus diesem Gefühl der inneren Übereinstimmung entspringt, kann es keine Konflikte mehr geben. Sie entstehen aus Unwahrheit dir selbst oder/und anderen gegenüber. Wenn du dich selbst belügst, weil du anderen zuliebe (Gut-Mensch sein wollen) etwas tust, was du eigentlich nicht willst, kreierst du einen Konflikt in deinem Inneren, der im wiederholten Fall zu Krankheit oder zur Selbstablehnung führen kann. Wenn du andere belügst, weil du ihnen Dinge in die Schuhe schiebst, für die du selbst verantwortlich bist, wirst du Konflikte in deiner Außenwelt erschaffen, die sich so lange ausdehnen, bis du bereit bist, dich ehrlich anzuschauen. Warum willst du dir das nicht ersparen und machst es dir schwerer als es sein muss? Das Leben ist so einfach: Sei wahrhaftig, sehe das was ist und mache (in deiner Vorstellung) nichts anderes daraus. Folge deiner inneren Wahrheit; sie ist das EINE Leben, das keinerlei Probleme kennt (Ich-Ich). Es ist das So-Sein aller Dinge und durch vollständige Annahme das „Paradies auf Erden". Deiner Wahrheit zu folgen ist der natürliche Weg, der dich aus der unbewussten kindlichen Opferrolle des P2 in das bewusste Schöpfertum des P1 führt. Wahrheit ist *der einzige* Weg zum ICH-ICH.

> *„Handeln aus der Wahrheit ist ohne Reue."*
>
> INA

Dekonditionierung

Wenn du deiner Wahrheit folgst, beginnst du automatisch damit, dein altes, bisheriges „Programm" loszulassen. Dekonditionierung bedeutet, dass du deine „krankmachenden" Überzeugungen und Glaubenssätze veränderst oder löschst, nachdem du sie hinterfragt hast. Das bedingt, dass du dir die Überzeugungen, die man als Kind in dich einprogrammiert hat, zuerst einmal bewusst machst. Was sind deine Werte? In welchem Paradigma lebst du? Kennst du überhaupt die Muster, denen du folgst? Schau dir ganz bewusst an, was du als gut oder schlecht bewertest. Was sind deine Meinungen? Wie ist dein Charakter? Welche Erwartungen hast du an dich und dein Umfeld?

Du kannst dich ganz pragmatisch damit auseinandersetzen, indem du dir Thema für Thema anschaust und möglicherweise auch notierst. Manchmal kann das Geschriebene nachdrücklicher wirken, weil du damit die „Tatsache" quasi vor Augen hast. Vielleicht machst du hierzu Termine mit dir selbst und nimmst dir regelmäßig Zeit für dein Hinterfragen. Es kann Sinn machen, dass du nach Lebensbereichen oder Lebensphasen einteilst oder nach Menschen, die dich geprägt haben. Welche Befehle sendet dein Ego, wo gibt es Muster, die sich wiederholen? Welche „Fehler" sind dir passiert und wodurch oder wie?

Dekonditionierung bedeutet, Licht ins Dunkel zu bringen und dich aus der Unbewusstheit deiner Operrolle herauszuholen ans Licht der Bewusstheit. Alles was du entdeckst und der Wahrheit zuführst, kann sich dadurch automatisch auflösen. Oftmals reicht dieser Blick für eine selbständige Dekonditionierung aus. Manchmal sind geistige oder pragmatische Handlungen notwendig. Du wirst selbst spüren, wenn für dich aktiv etwas zu tun ist. Das können Rituale sein, die ein Ablösen unterstützen oder Aussprachen, die geschehen müssen, damit sich die „falsche" Konditionierung verabschieden kann.

Eine weitere Möglichkeit, wie du eine Dekonditionierung bewirken kannst, geschieht über die Meditation. Du kannst dir jedes deiner Themen, das dich belastet, in der Meditation anschauen bzw. hinterfragen. Begebe dich dazu in meditative Position, was nicht bedeutet, dass du unbedingt im Lotussitz sitzen musst. Du kannst es dir auch in einem Sessel aufrecht bequem machen oder wo auch immer. Wenn du dich über deine Atmung in die Ruhe gebracht hast, stelle entweder eine Frage zu deinem Thema oder schaue dir einen Komplex an, den du gerne auflösen möchtest. Bleibe dabei passiv, erwarte nichts, sei nur gewahr und achtsam. Selbst wenn in dem Moment keine Erkenntnisse fließen sollten, kannst du sicher sein, dass sich die Dinge in deinem Inneren durch die Bewusstheit, die du ihnen schenkst, bewegen.

Welchen Weg zur Dekonditionierung du auch immer auswählst ist ganz dir überlassen. Du kannst auch überhaupt nichts tun und alleine nur diese Gedanken, die das Buch jetzt in dir auslösen, wirken lassen. Nur eines ist Voraussetzung: Sei offen und versperre dich nicht, übe keinen Widerstand, lasse die Wahrheit in dir wirken und mache dir ab sofort alles bewusst, was auch immer in deinem Leben geschieht. Bewusstheit ist alles was du brauchst, um deine Konditionierung aufzudecken. Bewusstheit ist eine andere Bezeichnung für Wahrheit.

„Auf diesem Pfad wird Bemühung nie zunichte
und es gibt kein Misslingen.
Schon ein bisschen Bemühen
zu spirituellem Gewahrsein hin
wird dich beschützen vor der größten Angst."

Baghavat Gita

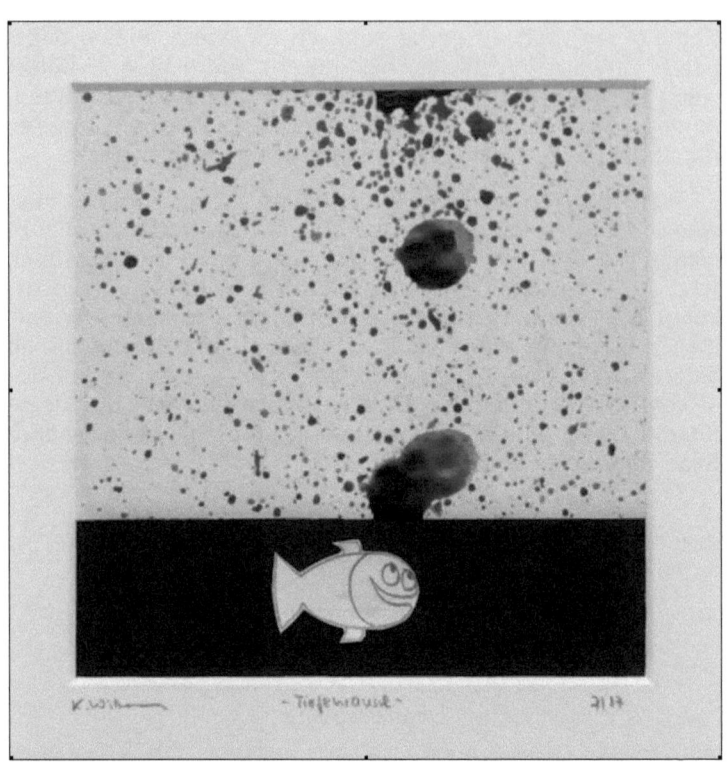

„Tiefenrausch"

Schritte zur Problemlösung

Wenn du ein Problem lösen musst, ist „das Kind bereits in den Brunnen gefallen", weil du unbewusst warst. Wärest du bewusst gewesen, gäbe es gar kein Problem oder du würdest die Sache nicht als solches bezeichnen; du würdest das Ganze dann vielleicht Aufgabe, Herausforderung oder gar Chance und Gelegenheit nennen. Das wäre dein erster Schritt in die „richtige Richtung": das Problem nicht als solches zu bezeichnen.

Du findest im zweiten Teil des Buches praktische Lösungsansätze für verschiedene Probleme. Es handelt sich dabei um individuelle Fragen und darauf abgestimmte Antworten. Allen gemeinsam liegt jedoch ein grundsätzliches Vorgehen zugrunde, das für jede Art von Problem bzw. Problemlösung gilt. Was auch immer ich in den einzelnen Antworten beschreibe, die Basis bilden folgende Punkte:

1. Schritt: Chance

Gib deinem Problem eine positive Bezeichnung und - wenn du kannst - sei dankbar, dass diese Chance in dein Leben tritt.

2. Schritt: Annahme

Wenn du ein Problem hast, ist die Sache schon passiert. Wenn du dich darüber aufregst, hat das Ego gewonnen und die Problemspirale beginnt sich zu drehen. Da wird dann aus der Mücke ein Elefant gemacht und das, was ein Ärgernis war, wird zum Problem. Es ist verständlich, dass du dich ärgerst und du darfst dies auch äußern, aber du solltest dann möglichst zügig in die Realität des So-Seins wechseln, denn die Sache ist nun mal bereits geschehen und kann nicht rückgängig gemacht werden. Es bleibt dir also schlussendlich überhaupt nichts anderes übrig, als die Kröte zu schlucken und wenn du das freiwillig tust, wirst du feststellen, dass sie viel leichter verdaulich ist, als du gedacht hast. Die Annahme der Dinge, wie sie sind, ist nicht nur die Lösung für „Keine-Probleme-Haben", sondern bildet über alles hinaus die Basis für Gelassenheit, Leichtigkeit und Stabilität.

3. Schritt: Widerstand lösen

Das Annehmen trägt das Aufgeben des Widerstandes in sich. Wenn du dich nicht gegen das stellst was ist, kann die Sache wieder ins Fließen kommen bzw. weiter fließen und sich auflösen, ohne dass es dich viel Anstrengung kostet. Das bedeutet, dass sich geistige Blockaden und körperliche Spannungen lösen und Krankheit, die auf Widerstand folgt, gar nicht erst entsteht oder schnell wieder verschwindet.

4. Schritt: Neutralität . Distanz (P1)

In P2 herrschen Vergleichen und Bewerten, was die Basis jeder Unzufriedenheit, Maßlosigkeit und Problemhaftigkeit ist. Wie sollte je etwas negativ sein können, wenn es das Negative gar nicht gibt? Wenn es kein Gut und Schlecht oder Richtig und Falsch gibt, kann auch kein Problem existieren, weil alles automatisch so ist wie es ist. Natürlich musst du dich in der Welt der Gegensätze als Mensch zurechtfinden. Aber das heißt nicht, dass du die Konzepte nicht durchschauen und auflösen darfst, wenn dir dies ein leichteres Leben verspricht. Wenn du nichts ablehnst, kann kein Widerstand entstehen und damit kein Problem existieren. So ist der wichtigste Schritt also, das, was dir passiert, nicht als schlecht zu bewerten. Es muss dir nicht gefallen, aber es ist nun mal geschehen.

5. Schritt: Sinn . Spiegel

Damit kommen wir zur Sinnfrage des Ganzen. Weshalb ist es passiert? Trägt es eine Botschaft in sich? Kannst du aus der Bewältigung der Sache etwas lernen? Will dir das Leben etwas zeigen? Trägt die Sache eine Chance für dich in sich? Hinterfrage und schau nach.

6. Schritt: Wahrheit . Ursache

Die Fragen können dich zu deiner eigenen Wahrheit führen und Unbewusstheit aufdecken. Was ist dein Anteil an der Sache? Was hast du damit zu tun? Wie hast du agiert, dass dies in dein Leben tritt? Wenn du ehrlich bist, wirst du Ursachen aufdecken, die Erleichterung bringen, obwohl sie sich anfänglich unbequem angefühlt haben. Wahrheit bedingt, dass du deine unschönen Seiten anschaust und deine Schatten ans Licht bringst. Alles, was du in dir selbst ablehnst, muss zum Vorschein kommen, damit sich der Konflikt bereinigen kann.

7. Schritt: Akzeptanz . Veränderung

Schließlich ist das Problem durchleuchtet und erkannt, so dass du nun zur Auflösung fortschreiten kannst. Auf der Verstandesebene gibt es nur zwei Möglichkeiten: Entweder du akzeptierst das, was durch das Problem entstanden ist vollkommen oder du veränderst es. Beides bedingt den Willen zur Veränderung, denn auch wenn du akzeptierst, verlangt dies eine Änderung deiner inneren Einstellung. Und wenn du nicht akzeptieren kannst, dann musst du äußerlich verändern, damit sich der innere Konflikt lösen kann. Es ist also offensichtlich, dass es nicht einfach weiter gehen kann wie zuvor, sondern dass jede Aufgabe, die in dein Leben kommt, Flexibilität von dir fordert. Wenn du dich dagegen stellen und alles beim Alten lassen willst, kann sich das auf Dauer nicht gesund auf dich auswirken.

8. Schritt: Umsetzung

Wenn alle Punkte durchlaufen sind, kannst du zur Tat übergehen. Aktion ist gefragt, bei der du das, was du geistig herausgefunden hast, ins praktische Leben überträgst. Dein Verstand darf für dich wirken und deine Planungen umsetzen. Das Leben fühlt sich wieder leicht an und du erkennst im Nachhinein wie wichtig dieses Problem oder die Krise für dich war. Alles was dir geschieht ist dir dienlich. Hier ist kein Platz mehr für Probleme, sondern für Dankbarkeit.

„Wahrheit ist die Sprache der Heilung."

INA

„Ganz oben"

111 Fragen + Antworten

Bei der Gestaltung des folgenden Kapitels war ich zuerst versucht, die Fragen thematisch aufzuteilen. Ich entschied mich jedoch dagegen, weil es mir für den Leser ein wenig langweilig erschien. So sind die Fragen zwar unsortiert, folgen jedoch einer gewissen Ordnung: Sie sollen aus P2 herausführen und zu P1 überleiten. Demnach folgen die spirituellen Fragen zum Schluss.

Im vorangegangenen Kapitel habe ich die „Schritte zur Problemlösung" beschrieben. Sie sind auch Grundlage aller hier aufgeführten Antwort-Lösungen. Ich habe darauf jedoch bewusst nicht in jeder einzelnen darauf hingewiesen, weil es sich ständig wiederholt hätte. Deshalb sei umfassend für alle meine Antworten deutlich gemacht, dass das Vorgehen grundsätzlich auf den hier genannten Schritten beruht.

Die Antworten zu Fragen einer selben Thematik können zum Teil ähnlich oder andererseits auch unterschiedlich ausfallen. Ähnlich deshalb, weil sie sich auf dasselbe Thema beziehen; andersartig, weil jede Persönlichkeit individuell funktioniert und der Mensch auf unterschiedlichen Bewusstseinsebenen „operiert". Wundere dich also nicht über Wiederholungen oder möglicherweise auch irritierende Verschiedenartigkeiten, die dir wie Widersprechungen erscheinen können.

„Durch die Vereinigung der Gegensätze entsteht Frieden - der Himmel auf Erden."

INA

Ich habe Angst vor dem Autofahren, speziell auf der Autobahn, obwohl Fahrlehrer und Psychologe mir bestätigen, dass ich gut Auto fahre. Wie kann ich das in den Griff kriegen?

Du hast bereits die technische Seite des Autofahrens abgeklärt. Das ist gut, denn so weißt du, dass deine Unsicherheit sich nicht in deiner Fahrpraxis begründen lässt. Das was wirklich in den Griff zu bekommen ist, ist das, was deine Angst entstehen lässt: dein Denken. Nimm dir einen stillen Moment und konfrontiere dich mit einer Situation, in der du die Autobahn befahren musst; möglicherweise besuchst du jemanden oder fährst in Urlaub. Lass den Film einfach wertfrei ablaufen, ohne einzuwirken oder zu korrigieren und notiere dir alle dabei entstehenden Gedanken. Vielleicht bemerkst du, dass negative Vorstellungen auftauchen; zum Beispiel könntest du einen Unfall haben oder ein Reifen platzt oder dir wird übel und es ist niemand da. Schau dir genau an wie die Angst entsteht. Du wirst feststellen, dass es immer darum geht, dass etwas passieren *könnte*, also Conditional, während nichts wirklich geschieht. Es sind lediglich Hirngespinste deines Ego-Geistes, der dich mit der Angst eingrenzen möchte. Auf der praktischen Seite kannst du deine Gedankenillusionen umprogrammieren, indem du jede negative Gedankenform die du hier entdeckst durch eine positive Gegenbotschaft ersetzt. Übe dies dann in der Praxis des Autobahnfahrens - in der ersten Zeit durch einen Beifahrer unterstützt -, um dann nach geraumer Zeit zu Alleinfahrten überzugehen. Je stabiler deine Sicherheit wird, desto weiter kannst du deine Strecken ausbauen.

Unter dieser praktischen (oberflächlichen) Ebene liegt jedoch der psychische Aspekt verborgen, der eine Wahrheit in deinem Schattenreich (Unterbewusstsein) verdeckt. Das Autofahren auf der Autobahn hat eine „Qualität", die deinem Ego nicht gefällt. Dazu musst du untersuchen, was auf der Autobahn geschieht: Du fährst gewöhnlich schneller als sonst und das quasi immer nur geradeaus; du musst sehr konzentriert sein und kannst nur bei vorgeschriebenen Ausfahrten die Bahn verlassen. Bei näherer Betrachtung erkennst du folgende Attribute: Anstrengung, Eintönigkeit, Schnelligkeit, Vorsicht, Konzentration, vorgeschriebener Weg, kaum Ausweich- oder Fluchtmöglichkeit. Suche jetzt in deinem Schattenreich nach Resonanzen auf diese (deine eigenen) Attribute. Verspürst du hier irgendwo einen Widerstand, Ablehnung oder Angst? Ist da möglicherweise eine unangenehme Erinnerung an frühere (Kindheits-) Situationen? Möglicherweise findest du so heraus, dass es dir nicht gefällt, nur in vorgeschriebenen Bahnen zu wirken oder dass du es gerne bequem hast und dich nicht unnötig anstrengen und konzentrieren möchtest. Womit auch immer du in Resonanz gehst hat mit der Ursache deiner Angst zu tun. Wenn du diese Resonanzen aufdeckst, dann bist du frei. Dabei ist es gut möglich, dass der Grund für die Angst mit dem Autofahren als solches überhaupt nichts zu tun hat, sondern dass die Situation lediglich das Muster trägt, wogegen du Widerstand übst.

Wie kann ich eine offene und direkte Kommunikation erlernen? Ich habe Angst, etwas falsch zu machen oder zu verletzen, die Kontrolle zu verlieren. Ich suche nach Selbstsicherheit und Stärke.

Eine offene und direkte Kommunikation bedingt, dass du alles aussprechen kannst, ohne vor der Reaktion deines Gegenübers Angst haben zu müssen. Die Angst zu verletzen oder etwas falsch zu machen kann nur da sein, wenn du davon überzeugt bist, dass du es deinen Mitmenschen immer recht machen musst. Da dies nicht möglich ist (ohne dich selbst zu verleugnen) musst du lernen, negative Reaktionen des anderen auszuhalten und anzunehmen. So wie du offen und authentisch leben möchtest, möchte es der andere ebenso. Das bedeutet, dass er das Recht hat für sich selbst zu wählen, ob er nun verletzt, empfindlich oder erwachsen auf dein Handeln reagieren möchte. Seine Reaktion ist ganz allein in seiner Verantwortung und von dir unabhängig. Deine erlernten Überzeugungen sagen dir jedoch, dass du falsch handelst oder sprichst, wenn dein Gegenüber verletzt reagiert. Dieser Glaubenssatz setzt dich massiv unter Druck (weil er dich für den anderen verantwortlich macht), was die Angst, die Kontrolle zu verlieren, entstehen lässt. Nichts an dem was du je sagen kannst ist falsch, wenn es deine authentische Anschauung ist. Eine empfindliche Person nicht zu verletzen ist fast nicht möglich. Ein solcher Mensch zwingt dich mit seiner Empfindsamkeit zur ständigen Rücksichtnahme, was auf Dauer sehr anstrengend sein kann. Es liegt jedoch in deiner Entscheidung, mit welchen Menschen du deine Zeit verbringst.

Mache dir zur Aufgabe, Wahrheiten auszusprechen und übe dich darin, das unangenehme Gefühl von Schuld oder schlechtem Gewissen, das sich dann möglicherweise einstellt, auszuhalten. Das ist der Weg heraus aus deiner „falschen" Konditionierung, die dich Glauben macht, du dürftest das, was du wirklich denkst und fühlst, nicht ausdrücken. Eine solche Programmierung verhindert eine offene Kommunikation, was eine der Hauptursachen gescheiterter Beziehungen ist. Wenn du das, was du wirklich fühlst unterdrückst, muss zwangsläufig innerer Druck entstehen, der dann in einer unkontrollierten Entladung ausbrechen kann. Sprich deine Wahrheit und halte aus.

Dass du deine Meinung ruhig und möglichst freundlich äußerst und dem Gegenüber das gleiche Recht auf eigene Wahrheit zusprichst, versteht sich von selbst. Auch du musst natürlich kritische Worte ertragen können, ohne sie dem anderen übel zu nehmen. Wenn du Kritik als das siehst, was sie ist, ist das gar kein Problem für dich. Kritik ist ein Korrektiv und hilft dir, dich selbst zu erkennen; das ist ihr Sinn und Zweck. Dass Wahrheit, die dabei zutage tritt, manchmal wehtun kann, liegt in der Illusion begründet, die sie verdeckt hat.

Ich leide seit einigen Jahren unter Magenproblemen und einem geringen Selbstwertgefühl. Ich denke selbstkritisch und mache mir Selbstvorwürfe, weil die anderen besser sind. Wie kann ich das ändern?

Eine der Hauptursachen beim Entstehen von Problemen ist das Vergleichen. Überhaupt kannst du sagen, dass der Vergleich „nach oben" der Garant für Unzufriedenheit und schlechte Laune ist. Jeder Vergleich hinkt jedoch, weil du dabei immer nur Teilbereiche, also Ausschnitte einer Persönlichkeit betrachtest. Hierfür beispielhaft: Du siehst, dass ein Kollege mehr verdient als du; du lässt dabei aber außer Acht, dass er mehr Einsatz bringt und länger arbeitet. Oder du neidest deinem Nachbarn seine Eigentumswohnung, während du in Miete lebst; weißt aber nicht, dass er sich durch die Anschaffung dieser Wohnung verschuldet hat und sich kaum noch etwas leisten kann, während du aus dem Vollen schöpfst. Wer hat nun den Vorteil? Wem geht es tatsächlich besser? Das wäre überhaupt nur verifizierbar, wenn deine Wertskala vollständig mit der des anderen übereinstimmen würde. Wenn dein höchster Wert vielleicht in materiellen Dingen liegt, während deinem Kontrahenten möglicherweise eine gewisse Freiheit am wertvollsten ist, kann im Grunde nicht verglichen werden. Und so könnte es sein, dass du in diesem Beispiel das Leben führst, das der andere sich wünscht, weil du mehr Freiheit hast. Im übrigen steht dir nichts im Wege es ihm gleich zu tun. Wenn du das Vergleichen lässt, kann auch die Selbstkritik verschwinden. Wenn du nur noch dich selbst betrachtest, ganz in die Selbstverantwortung gehst, dann wird die Außenwelt unwichtig werden. Du lebst einfach nur noch das was du für dich gestaltest. Die Folge ist, dass du im Grunde nur zufrieden sein kannst. Eine Unzufriedenheit kann nämlich nur möglich sein, wenn du dich am Außen orientierst.

Das Gleiche gilt für das Selbstwertgefühl. Wozu braucht dein Selbst einen Wert, wenn es in deiner Betrachtung nur dich selbst gibt (ohne egozentrisch, sondern einfach nur ohne Vergleich zu sein)? Das „Selbstwertprogramm" wurde von unzufriedenen Egos ins Leben gerufen, weil sie mit diesem Konzept als Opfer der Außenwelt die Schuld daran geben können, dass es ihnen schlechter geht und sie weniger haben als die anderen. Die Wahrheit ist jedoch, dass sie nicht wirklich bereit sind, Verantwortung für sich selbst und das was sie in diesem Leben bewirken (oder auch nicht) zu tragen.

Alles liegt an dir, nichts hat seine Ursache im Außen. Wenn du das verstanden hast, wenn du in deiner Handlung lebst, brauchst du keine Magenprobleme mehr, weil es nichts mehr zu „verdauen" gibt.

Mein Vater, meine Mutter und meine Oma sind kurz nacheinander dieses Jahr gestorben. Ich leide wieder unter Panikattacken, die erstmals vor zwei Jahren auftraten, als ich Liebeskummer hatte. Wenn etwas nicht rund läuft, werde ich schwindelig. Wie kann ich das loswerden?

Wenn du schwindelig wirst, hast du dein Gleichgewicht verloren. So lange du dich innerhalb deiner Komfortzone bewegst, ist alles gut, du kennst dich aus, die Abläufe sind gleich; Automatismus und Gewohnheit sind die Basis dieses Zustandes, der dir Sicherheit vermittelt. Nun geschieht etwas, das diese Basis „angreift"; auf einmal funktioniert das Ganze nicht mehr wie gewohnt. Unsicherheit macht sich breit, weil keine Erfahrungen über das Neue in deinem Gedächtnisspeicher vorliegen. Angst entsteht, weil die Dinge durcheinander geraten. Du fällst aus deiner Mitte hinein in eine Überforderung. Was kann hinter solchen Geschehnissen stehen? Hältst du dich vielleicht schon zu lange in deiner Komfortzone auf? Sollst du wachgerüttelt werden, weil Veränderungen angesagt sind? Was könnte dich diese Situation vielleicht lehren wollen?

Dir wurde quasi der Boden unter den Füßen weggezogen, recht radikal. Könnte dies möglicherweise in gewisser Weise „notwendig" gewesen sein? Schau dir an, was diese Menschen für dich bedeutet haben. In welchem Bezug standest du zu ihnen? Was verändert sich nun, wo sie nicht mehr für dich da sind? Wie geht es dir, wenn du jetzt auf dich alleine gestellt bist? Triffst du wirklich völlig selbständig deine Entscheidungen und kannst du gut alleine sein? Schau dir ehrlich an, ob du zu Abhängigkeiten neigst, die verdeckt auf ganz verschiedenen Ebenen deines Daseins wirken können. Finde die Ursache deiner Angst, geh ihr auf den Grund, beobachte deine Gedanken und Gefühle im Moment der Furcht. Wenn du herausgefunden hast, worin du dich möglicherweise beschwindelst und Wahrheit ans Licht kommen lässt, können Schwindel und Angst sich auflösen.

Es gibt jedoch noch zwei weitere Aspekte deines Schwindels, die du ehrlich hinterfragen kannst: Dein Ego hat den absoluten Wunsch, dass alles nach seinem Willen laufen soll. Wenn das nicht der Fall ist, ärgert es sich gewaltig. Es versucht dann seinen Willen mit Nachdruck durchzusetzen, was durch die Anstrengung zu Schwindel führen kann. Kommt es auf diese Weise nicht zum gewünschten Ziel, kann das Ego den Schwindel auch hervorrufen, um so sein Umfeld zu zwingen, Rücksicht zu üben und Aufmerksamkeit zu schenken, was bedeutet, dass es sich auf diesem versteckten Weg das erschleicht, was es haben will (sekundärer Krankheitsgewinn). Schau was auf dich zutrifft, lasse es ans Licht kommen, dann bist du frei.

Mein Mann will mich immer wieder dazu bringen, mich mit einer Frau auszutauschen, die ich nicht mehr mag. Während er sich mit ihr alleine trifft, leide ich. Er sagt, er lässt sich die Freiheit, selbst entscheiden zu dürfen, mit wem er sich abgibt, nicht nehmen. Wie kann ich damit klar kommen?

Selbst wenn du weißt, dass dein Mann nicht dein Besitz ist, ist es nachvollziehbar, dass dir dieses Thema Kopfzerbrechen bereitet. Hast du dich schon einmal gefragt wie es wäre, wenn du die Dame mögen würdest? Ist vielleicht auch der Hintergrund entscheidend, weshalb du sie nicht (mehr) magst? Möglicherweise setzt du dich innerlich mit dieser Person in den Vergleich und fragst dich, was sie hat (und du vielleicht nicht), wenn dein Mann sogar heftige Auseinandersetzungen in Kauf nimmt, um sich mit ihr zu treffen. Sollte diese Dame dir gegenüber gewisse Vorzüge haben, verletzt dies wahrscheinlich dein Selbstbild. Worum geht es also? Um verletzten Stolz oder um fehlendes Vertrauen dieser Frau, aber auch deinem Mann gegenüber? Warum ist diese Person in dein Leben getreten, welche Aufgabe hält sie vielleicht für dich bereit? Entweder sie spiegelt dir dein eigenes Verhalten oder sie zeigt dir etwas, was du auch gerne hättest oder könntest oder wärst. Ist da Neid im Spiel? Hat sie ein Ideal, dem du im Verborgenen nacheiferst? Welchen Lernprozess könnte die Situation in dir anregen?

Auf der anderen Seite ist da dein Mann, mit dem offensichtlich kein Konsens zu finden ist. Alle Kompromisse, die du vorgeschlagen hast, gehen fehl, weil er sich nicht damit abfinden will, dass du anderer Meinung bist. Er akzeptiert dein „Nein" nicht. Wenn ein Mensch nicht kompromissfähig ist, was willst du da tun? Es kann dabei immer nur eine einseitige Lösung geben, nämlich die, dass du nachgibst, damit Frieden einkehrt. Vielleicht hast du das in der Vergangenheit bereits zu oft getan? Wenn das so ist, dann hast du hier deine Aufgabe gefunden, nämlich die, dich aus seiner Autorität zu befreien und ihm erwachsen auf einer Ebene zu begegnen. Ohne Kompromiss kann der Konflikt nur gelöst werden, indem eine Seite vollständig akzeptiert. Wenn dem tatsächlich so wäre, könnte kein Leid mehr existieren bzw. so lange Leid da ist, hat kein wahres Akzeptieren stattgefunden. Du erkennst, ob du vollständig akzeptiert hast daran, dass es dir dann egal ist, wann und wie dein Mann sich mit dieser Frau trifft. Ob die Beziehung dies aushält, wird sich zeigen und das gilt für jedwede Lösung, die ihr findet. Auf Dauer wird offensichtlich werden, ob aus diesem (kindischen) Machtkampf tatsächlich Liebe wird, denn die ist (gefühlt) nicht anwesend.

Mein Vater, ein Alkoholiker, liegt im Sterben, was momentan wieder meine kindlichen Gefühle der Ohnmacht, Traurigkeit und Hilflosigkeit hervorruft. Wie kann ich es schaffen, endlich loszulassen und mein jetziges Leben mit mehr Freude und Energie zu leben?

Wenn du bisher noch nicht loslassen konntest, ist wahrscheinlich noch Groll in dir verborgen. Du hast zwar deine kindlichen Erlebnisse mit deinem Vater oberflächlich betrachtet ganz gut verarbeitet und bist mutig deinen Weg gegangen; aber deine jetzige Verfassung zeigt offensichtlich, dass du noch nicht gänzlich das damalige Geschehen akzeptieren konntest. In Therapien oder auch im religiösen Kontext kommt hier der Zeitpunkt der Vergebung. Ich bin etwas vorsichtig mit der Forderung nach Vergebung, denn wenn du vergibst, hast du zuvor verurteilt und siehst den anderen als Schuldigen. Das bedeutet, dass du das So-Sein deines Vaters ablehnst und verurteilst. Bist du denn überhaupt in der Lage, deutlich zu sehen, weshalb er so ist wie er ist? Ist er wirklich ein Täter oder lebt auch ein Opfer in ihm? Kannst du tatsächlich genau wissen, was im Leben eines anderen Menschen vor sich gegangen ist und nach welchem „Programm" er funktioniert?

Komme in die neutrale Sicht des Paradigma 1 und lasse das Bewerten sein. Wenn es dir gelingt, die Dinge einfach so stehen zu lassen, wie sie geschehen sind, wirst du frei. Frei von drängenden Bildern aus der Vergangenheit, frei von Wut oder Wehmut, weil die Frage, weshalb er so war, sich nicht in vollem Umfang beantworten lässt. Es war so wie es war und es hat dich zu dem gemacht, was du heute bist. Sicher hat deine Kindheit schmerzliche Spuren hinterlassen, doch dies ist bei jedem Menschen der Fall. Du wirst niemanden treffen, der nicht ein „verletztes Kind" in sich trägt. Aber diese Prägungen sind wertvoll, denn du wärest heute nicht die Person, die du jetzt bist, hätte es genau dieses Damals nicht gegeben. Dafür kannst du dankbar sein, denn heißt es nicht, „... aus Wunden Perlen machen"?

Obowhl ich mich von meinem Mann getrennt habe, kann ich ihn nicht ganz loslassen. Ich fasse nicht richtig Fuß mit meinem neuen Freund. Während mein Ex-Mann bisher finanziell alles getragen hat, bin ich nun arbeitslos und alles läuft schief. Was kann ich tun, damit das besser wird?

Deiner Beschreibung nach hat dich dein Ex-Mann versorgt wie ein Vater. Du führtest ein recht angenehmes Leben mit ihm. Damit ist nun Schluss und du willst nicht akzeptieren, dass der Hahn jetzt zugedreht wird. Während du im Verhältnis zu deinem Ex-Mann die Kindrolle gelebt hast, wirst du nun in der Beziehung mit deinem neuen Partner in die Erwachsenenrolle hinein gezwungen, was nichts Schlechtes ist (im Gegenteil), du empfindest es nur so. Im Grunde wird dir hier die Gelegenheit geboten, dich in die Erwachsenenwelt hinein zu entwickeln, damit du lernst, Verantwortung für dich zu tragen. Es geht hier also hauptsächlich um eine Entscheidung, deine Entscheidung: Möchtest du weiter deinem trägen und bequemen Ego dienen, welches dir immer wieder zuflüstert, wie viel leichter und bequemer es doch bei deinem Ex-Mann war oder nimmst du die Herausforderung an und formst dich in den Menschen hinein, der du wirklich bist.

Du kannst nur dann dein volles Potential leben (was automatisch Freude und Zufriedenheit bringt), wenn du bereit bist die Dinge des Lebens auf dich zu nehmen, den Alltag zu meistern, dir einen Job zu suchen und mit Eifer bei der Sache zu sein. Das bedeutet in erster Linie, dass du nicht zurück schaust, sondern dich auf das Jetzt konzentrierst. Nimm dir Zeit für dich, lerne dich selbst kennen, schaue dir deine Talente und Stärken an und richtige dich nach ihnen aus. Wenn du willst, dass sich dein Leben ändert, dann musst du den ersten Schritt tun. Alles beginnt bei dir.

Ich habe immer wiederkehrende Konflikte mit meiner Mutter. Wie kann ich das Muster des "Nicht-Geliebt-Werdens" durchbrechen und die Beziehung zu ihr so akzeptieren wie sie ist und mich selbst lieben und wertschätzen?

Deine Frage kennt nur eine entscheidende Antwort: Annahme - totales Annehmen der Dinge wie sie sind! Die Konflikte mit deiner Mutter kehren deshalb immer wieder zurück, weil dieses Akzeptieren noch nicht stattgefunden hat; weder im Hinblick darauf wie deine Muter ist, noch was sie tat oder unterließ und dass einfach alles so war wie es war. Wahrscheinlich hoffst du tief im Inneren noch auf ihre Veränderung oder auf eine Entschuldigung, ein Einsehen ihres (aus deiner Sicht) falschen Handelns. Dieses unbewusste Warten hält den Konflikt aufrecht. Mache dir radikal und emotionslos klar, dass sich deine Mutter nicht ändern wird und dass sie wahrscheinlich ihre Sicht behält, die nun mal ganz anders ist als deine. Und sie hat sogar ein Anrecht auf ihre Sicht, ob dir das gefällt oder nicht. Keiner hat Recht bzw. jeder hat das Recht auf eine eigene Meinung und eine subjektive Sicht, schon alleine deshalb, weil die Wahrnehmung jedes einzelnen Menschen nun mal individuell ist. Das ist eine Tatsache die nicht zu verändern ist.

Zum anderen sind die Dinge im Nachhinein nicht mehr rückgängig zu machen. Was willst du tun? Du kannst die Vergangenheit nicht ändern und jedes Dagegen-Kämpfen ist unsinnig, dumm und völlig sinnlos. Dein Widerstand ist zwecklos und verpufft in negativen Emotionen, die den Nährboden für Krankheiten schaffen. Es geht also darum, dass du die feste Abmachung mit dir triffst, die Vergangenheit ruhen zulassen, sie wie eine Wolke in die Unendlichkeit des Vergangenen ziehen zu lassen. Vielleicht würde dich ein Ritual unterstützen, fest bei deiner Entscheidung zu bleiben. Du kannst dir diese Wolke in der Meditation oder im Ruhen auf dem Sofa vorstellen und sie mit all den Dingen füllen, die du loslassen möchtest; und dann schau zu, wie sie vom Wind aus deinem Blickfeld getragen wird. Wenn du willst, kannst du auch mithelfen, indem du die Wolke selbst aus deinem Leben pustest.

Wenn du vollständig hinnimmst wie es war, geschieht mit dem Loslassen auch ein ganz natürliches Vergeben, weil du die Dinge einfach „sein lässt". Niemand verlangt von dir, dass du es gutheißt, was deine Mutter getan oder unterlassen hat. Schlussendlich ist es immer die Unbewusstheit, die verletzt. Sicherlich kennst du auch nicht jedes Detail im Leben deiner Mutter und die Muster, welche sie so handeln ließen. Wenn du darauf vertraust, dass sich das Universum auf seine Weise um die Unstimmigkeiten des Lebens kümmert, dann kannst du leichter loslassen.

Warte auch nicht auf ein absolutes Verständnis, denn auch das sorgt dafür, dass der Konflikt bestehen bleibt. Weder musst du deine Mutter verstehen, noch sie dich. Was die Selbstliebe anbetrifft, so brauchst du nicht nach ihr zu suchen, weil du bereits Liebe bist und nie etwas anderes warst.

Ich stecke zur Zeit in einer Lebenskrise und habe das Gefühl, alles für meine Kinder aufgegeben zu haben. Ich sehe alles schwarz, habe keine Energie und keine Freude. Niemand entlastet mich. Wie kann ich mehr Geduld finden und gelassener werden?

Dein Problem ist dein Widerstand: du hast deine Mutterrolle nicht vollständig angenommen. Hast du dich je *bewusst* für das Mutter-Sein entschieden? Hast du dich mit den Folgen der Entscheidung, Mutter zu werden, zuvor auseinander gesetzt? Wenn auch niemand im voraus wirklich vollständig sehen kann, was denn tatsächlich auf ihn zukommt, so ist es jedoch ein großer Unterschied, ob du dich auf das Neue in deinem Leben einigermaßen ausgerichtet hast (offen dafür bist) oder nicht. Wenn du bewusste Entscheidungen triffst, wirst du im Nachhinein niemandem Schuld zuweisen, falls es nicht so kommt wie gewünscht. Wenn du unbewusst entscheidest, neigst du eher dazu andern die Schuld in die Schuhe zu schieben, weil du schon zuvor keine Verantwortung für deine Entscheidung getragen hast. Du klagst dann andere Personen oder die Umstände an, ohne zu erkennen, dass du sie selbst herbeigeführt hast.

Dies soll keinesfalls als Anklage verstanden werden, denn gerade die Mutterschaft ist eine der größten Herausforderungen des Lebens (wenn nicht gar die größte überhaupt). Wenn du dir ein Kind wünscht und wie sehnlichst dieser Wunsch auch sei, kannst du nicht wissen, wie viel Mühe, Kraft, Sorgen, Angst, Anstrengungen, Verzicht und schlaflose Nächte dich das kosten wird, weil es nicht wirklich vorstellbar ist. Ein Kind oder mehrere Kinder verändern dein Leben in seiner Basis. Als Mutter eines Säuglings sind deine Bedürfnisse für die Zeit des Kleinkindalters absolut hintenan gestellt, weil das Kind dich braucht, damit es sich entwickeln kann und weil es vollkommen abhängig von dir ist. Weil es sich nur durch Weinen oder Lachen ausdrücken kann, ist dein inneres Gefühl gefragt, deine Intuition. Ohne Liebe kann dein Kind kein Vertrauen in die Welt erlernen und wenn es spürt, dass du nicht bei der Sache bist, kann dies sein (psychisches) Wachstum stören. Wenn eine Frau nicht bereit ist, sich für diese Zeit in die zweite Reihe zu stellen, sollte sie eine Mutterschaft überdenken.

In deinem Falle ist es so, dass die Kinder bereits da sind und dass du diese hier geschilderten Erfahrungen bereits hinter dir hast bzw. mit ihnen lebst. Deine Ablehnung, die du deiner Lebenssituation entgegen bringst, kostet dich viel Energie, weil du deinen Alltag im Modus des Widerstandes vollziehst. Gehe in die Annahme und habe gleichfalls Verständnis für dich: Ja, du kannst jetzt keine berufliche Karriere machen; ja, Kinderbücher sind im Moment mehr gefragt als deine Romane; ja, die Liebesbeziehung zu deinem Partner ist möglicherweise ein wenig eingeschränkt; ja, du musst immer hinterher Putzen; ja, so ist es jetzt. Nimm es an mit ganzem Herzen. Sage „Ja" zu deinen Kindern und deinem jetzigen Leben. Sieh all das Schöne, das sich in den Augen deiner Kinder widerspiegelt. Sie brauche nicht viel, nur deine Liebe und die kannst du nur geben, wenn du selbst zufrieden bist. Vielleicht hast du dich in der letzten Zeit vergessen? Schau dir deine Wochenplanung an und schaffe dir Zeiten für dich. Verändere gemeinsam mit deinem Partner deine Organisation und suche dir Unterstützung, damit diese Auszeiten möglich werden. Vielleicht ist auch eine Abstimmung mit einer anderen Mutter möglich, die sich in der gleichen Lage wie du befindet und sich über eine solche Idee freuen würde.

Lasse Licht in dein Leben, indem du das Schöne an deiner gegenwärtigen Lebenssituation siehst und wisse, dass deine Zeit ganz sicher wieder kommen wird; und vielleicht ist es dann so, dass du dann dieser Gegenwart hinterher weinst.

Ich bin meist freudlos, muffelig und mies gelaunt. Meine Frau hat sich jetzt von mir getrennt, weil ich mich ihrer Meinung nach nicht weiter entwickelt habe. Wie kann ich autark werden und mich allein im Leben zurechtfinden?

Nun, deine Frau hat dich mit ihrer Entscheidung offensichtlich in die Entwicklung „geschubst", auch wenn dir die Situation gerade nicht gefällt. Doch es ist die Herausforderung, die du brauchst, um dich auf eigene Füße zu stellen. Selbständig hättest du diesen Schritt wahrscheinlich nicht vollzogen. Warum? Weshalb brauchst du jemanden, der für dich dein Leben „zurecht rückt"? Ist da Bequemlichkeit im Spiel? Ist es nicht angenehm, wenn du die Verantwortlichkeiten des Alltags anderen überlassen kannst? Der positive Aspekt daran ist, dass du so nie Schuld hast, weil du ja nichts entscheidest. Die Kehrseite der Medaille ist aber, dass du dann auch nicht für all die Dinge, die gut gelaufen sind, gelobt werden kannst, was wiederum die Ursache dafür sein kann, dass du freudlos und muffelig bist. Außerdem kommt hinzu, dass du tun musst, was der andere vorgibt, was deine miese Laune sicher nicht besser macht. Das eine bedingt das andere und zwar in jede Richtung.

Du kannst nur dann autark im Leben sein, wenn du ganz klar Verantwortung für dich übernimmst. Und genau das geschieht gerade: Du lebst nun alleine in einer Wohnung und musst dich um alles selbst kümmern; niemand trifft deine Entscheidungen, keiner nimmt dir etwas ab, du allein sorgst für dich selbst. Das ist der Weg, in den dich das Leben hinein gezwungen hat und du gehst ihn „learning by doing".

Ich wünsche dir, dass du mit Elan diesen Weg zu Ende gehst, also so lange für dich alleine bleibst, bis du diese Entwicklungsaufgabe für dich bewältigt hast. Würdest du jetzt sofort in eine nächste Beziehung wechseln, würdest du diesen Schritt in die Selbständigkeit korrumpieren. Sobald du autark und selbständig „funktionierst", wirst du wahrscheinlich zum ersten Mal in deinem Leben eine Beziehung leben können, die auf gleicher Ebene funktioniert. Ein herzliches Dankeschön an deine Frau wäre dann vielleicht angebracht.

Immer wieder komme ich in Phasen der Überforderung. Ich bin umtriebig, will mich nicht auf eine Rolle festlegen und mache gerne Verschiedenes. Was kann ich tun, um nicht mehr so tief zu fallen?

Die Welt basiert auf Gegensätzen, die du selbst ins Leben rufst. Wenn du deine Umtriebigkeit liebst, wenn sie dich ausmacht und du sie in voller Gänze leben möchtest, so musst du auch die Kehrseite der Medaille annehmen. Nach jeder Phase der Umtriebigkeit sackt zwangsläufig die Energie nach unten, weil du dich zuvor grenzenlos verausgabt hast. Die Überforderung zwingt dich dann quasi in die Knie, weil du nicht freiwillig eine Pause der Erholung zum Ausgleich deiner Kräfte einlegst. Gibst du dem inneren Wunsch nach Entspannung nicht nach, kann es sein, dass du dich (unbewusst) zurückziehst, weil du alles nur noch als Belastung empfindest. Oft tritt in diesem Moment auch Krankheit auf, weil das Immunsystem geschwächt ist und Erholung braucht, um wieder aufrüsten zu können. Vielfach wird bei solchen Symptomen eine Depression (miß-)diagnostiziert. Was hier jedoch geschieht ist lebensnotwendig für deinen Körper-Geist-Organismus und Gott sei Dank ist er intelligent genug, aus sich heraus diese Erholungsphasen einzuleiten. Eine Phase des Rückzugs ist heilend und bewirkt etwas „Reinigendes", was dich wieder ins Gleichgewicht bringen will. Es ist eine ganz natürliche und gesunde Reaktion. Hier mit chemischen Mitteln deine Freudlosigkeit vertreiben zu wollen, wäre nicht nur völlig am Sinn der Regeneration vorbei, sondern deinem Organismus total zuwiderlaufend. Erst wenn du auch die entspannte Seite des Lebens annehmen kannst und verstehst, dass du ohne den Ausgleich nach unten nicht wirklich gesund leben kannst, wirst du in deiner Mitte ruhen können und Stabilität finden. Allerdings solltest du dir die Frage stellen, was dich so antreibt. Warum sich überall beweisen und so hoch hinaus wollen? Weshalb bekommst du offensichtlich nicht genug? Dein Ego ist „Hansdampf in allen Gassen", will überall dabei sein. Wenn du einfach öfter einmal „nein" zu ihm sagst und so ein gesünderes Maß für dich findest, werden sich die Phasen des „Untergangs" auspendeln. Wenn du bei Hoch-Tief bleiben möchtest, dann kann dies nur gesund gelebt werden, wenn du beide Phasen gleichwertig akzeptierst. Probier dich aus, fühle in deinen Körper; er sagt dir, was zu tun ist.

Ich bin seit 20 Jahren drogenabhängig und habe schon einige Klinikaufenthalte hinter mir. Weil ich mich ständig mit meinem Mann streite, leiden meine Kinder. Ich habe Sehnsucht nach Ruhe, alles ist zuviel.

Hast du dir schon einmal ernsthaft Gedanken darüber gemacht, welchen Stellenplatz du der Droge in deinem Leben gibst? Wenn ich dir jetzt sage, dass sie für dich an erster Stelle steht, noch vor deinen Kindern, dann wirst du dies sicher abstreiten wollen und dennoch ist es die Wahrheit. Schau dir all die hässlichen Szenen an, die die Droge in dein Leben gebracht hat. Spüre deine Gier und die Macht, die sie über dich hat. Die Droge hat dich vollständig in der Hand, weil das Ego dir einredet, dass du sie brauchst. Die Droge IST das Ego! Es bläht sich auf und redet sich größenwahnsinnige Ideen über sich selbst ein oder über das, was es braucht. Doch du brauchst nichts, alles ist da. Oder nicht? Betrachte dein Leben: Was fehlt dir? Wozu nutzt du die Droge, worin unterstützt sie dich? Verschafft sie dir Erleichterung? Was versuchst du mit ihr zu kompensieren? Fühlst du dich größer, wertvoller, stärker, wenn du die Droge konsumiert hast? Ist das notwendig? Wofür? Beleuchte diese Fragen wahrheitsgemäß und schaue, was es mit deiner Beziehung auf sich hat. Wenn dein Partner deine Sucht seit 20 Jahren begleitet, dann kann es möglicherweise sein, dass auch bei ihm ein Suchtfaktor existiert, der völlig anderen Inhalts und bisher unentdeckt sein kann. Warum sonst solltest du ihm dieses Thema über diesen langen Zeitraum, der eine Inkonsequenz aller Beteiligten stark vermuten lässt, spiegeln?

Was dich betrifft, so gibt es nur eines zu tun: dich ernsthaft und kompromisslos zu entscheiden, für oder gegen die Sucht, für oder gegen die Abhängigkeit, für oder gegen die Lüge. Deine Sehnsucht nach Ruhe ist der Schrei der Wahrheit. Sie will ans Licht kommen. Und das kann nur mit der Lösung aus der Abhängigkeit geschehen, egal ob mit professioneller Begleitung in einer Klinik oder ambulanten Therapie, für dich alleine oder durch sonstige Alternativen. Stelle dich dabei allem was gesehen werden will, egal wie unangenehm es ist. Ohne Wahrheit kann keine Heilung eintreten. Das bedeutet, dass du auch nicht die Augen davor verschließt, wenn du möglicherweise entdeckst, dass du deine

Beziehung so nicht weiter führen kannst (weil sie möglicherweise durch die Sucht in gewisser Weise „subventioniert" wurde). Es ist klar, dass Veränderungen eintreten müssen, weil deine bisherige Lebensbasis offensichtlich nicht ohne Sucht funktioniert und somit krank ist. Wenn du diese radikale Entscheidung nicht treffen möchtest und einen Kompromiss anstrebst (im Sinne von geringerem oder seltenerem Drogenmissbrauch), wird sich der Konflikt nur um weitere Jahre verlängern; es sei denn, dein Partner löst sich aus dem Komplex heraus. Diese „passive Entscheidung" wäre ebenfalls eine Chance für dich. Falls du dich für die Droge entscheiden solltest, dann tue dies ganz bewusst. Trage dann voll und ganz die Verantwortung für dich und lasse die Menschen los, die du mit in den Abgrund ziehst. Welchen Weg auch immer du gehst, um dein Leid zu beenden, liegt ganz bei dir.

In Beziehungen kann ich nicht bei mir bleiben, was zu ständigen Aufs und Abs führt. Ich habe Angst vor Einsamkeit und Alleinsein. Wie kann ich diese los werden und in die Zufriedenheit kommen?

Deine Angst vor der Einsamkeit und dein Unvermögen, in Beziehungen bei dir zu bleiben, sind miteinander verbunden. Wenn du dich dem Alleinsein nicht stellst, bist du automatisch dazu gezwungen, es dem Partner recht zu machen, denn tust du es nicht, besteht die Gefahr, dass er sich von dir trennt. So zumindest siehst du das mit den Augen deiner Prägung. Weil du nicht alleine sein willst, machst du alles, um eine Trennung zu verhindern. Dabei gehst du immer wieder über deine Grenzen hinweg, tust Dinge, die du eigentlich gar nicht tun willst, was dann zum „Ab" führt. Du fühlst dich möglicherweise überfordert oder gar ausgenutzt und ungerecht behandelt. Die Momente des „Auf" sind dann die, in denen du mit deinem Partner überein stimmst oder du ein Lob von ihm bekommst.

Du kannst die Angst vor Einsamkeit nur loswerden, indem du durch sie hindurch gehst, dich deinen Ängsten stellst und schaust, was dann passiert. Grundsätzlich gilt bei der Auflösung von Angst, dass du dich gedanklich nicht in die Zukunft ziehen lässt, sondern in der Gegenwart bleibst. Denn eine Hauptursache der Angst sind Projektionen in die Zukunft, wenn du also weit nach vorne schaust und dir vorstellst, wie einsam und allein du im Falle einer Trennung sein wirst. Um dich aus deiner Angst befreien zu können, beginne damit, ehrlicher zu dir selbst zu werden und „nein" zu sagen, wenn du etwas nicht tun oder einer Meinung nicht zustimmen möchtest. Halte das ungute Gefühl (schlechtes Gewissen, Schuldgefühl), das dann aus deiner Prägung heraus entstehen kann, aus und schau, wie dein Partner reagiert

Jede ernsthafte Beziehung basiert auf Ehrlichkeit. Wenn diese nicht möglich ist, kann die Beziehung im Grunde nicht gelebt werden bzw. es ist dann keine Partnerschaft. Sollte also dein Partner dein „Nein" nicht akzeptieren und dauerhaft unfreundlich und kompromisslos reagieren, wirst du selbst erkennen, dass diese Beziehung nicht gleichwertig funktionieren kann, weil dein Partner wiederum seine Muster ausagiert und nicht bereit ist, sich diese bewusst zu machen. Wenn du in dir stabil bleibst, wirst du nach einer gewissen

Zeit die Nase voll haben, weil du erkannt hast, dass das Leid, alleine zu sein, nicht größer sein kann, als das Leid, das diese Beziehung mit sich bringt. Es kann aber auch sein, dass dein Partner zwar im ersten Moment überrascht, aber doch willig auf dein „Nein" eingeht, weil er gerne bereit ist, sich mit dir in eine gleichwertige Partnerschaft hinein zu entwickeln (was er sich vielleicht insgeheim schon längere Zeit wünscht).

Wenn du deinem Partner nicht deine ehrliche Auffassung mitteilst, wenn du nicht „Nein" sagst, wenn du „Nein" meinst, wenn du also nicht authentisch sprichst und handelst, belügst du ihn (und dich selbst). So lange du nicht „Nein" sagst, geht der Partner nämlich zu Recht davon aus, dass dir gefällt, was er vorschlägt. Er weiß nicht, dass du es eigentlich ablehnst und im Widerstand bist, der sich innerlich zu Aggressivität steigert, die sich dann in immer wiederkehrenden Streits entladen muss. Der Partner ist sich (verständlicherweise) keiner Schuld bewusst und das kann sich wiederum für dich wie ein Affront anfühlen. Aber es ist deine Unehrlichkeit, die diesen Problemkomplex entstehen lässt. Dein Partner hat so nie die Möglichkeit, dich, dein wahres Wesen, wirklich kennen zu lernen. Wer ist dann schlussendlich wirklich „Täter" und wer „Opfer"?

Grundsätzlich fühle ich mich von Männern nicht respektiert und lasse mich eher schlecht behandeln. Ich habe Angst, dass ich keinen Freund finde, habe aber viele Angebote schon ausgeschlagen. Ich habe mir mein Leben anders vorgestellt.

Auf der einen Seite lässt du es zu, dass Männer dich schlecht behandeln, während du im Gegenzug Respekt erwartest. Sie soll das funktionieren? Wenn du dazu neigst, dich unterdrücken zu lassen, wird das dein Gegenüber spüren. Nach dem Gesetz der Resonanz ziehst du das an, was du aussendest. Radikal gesprochen bedeutet das, dass du die Respektlosigkeit des anderen durch dein Verhalten herausforderst. Wenn du also respektvoll behandelt werden möchtest, musst du entsprechend agieren.

Auf der anderen Seite wirkt die Spiegelfunktion. Sie wird dir nicht gefallen, denn sie besagt, dass dein Gegenüber dir lediglich deine eigene Verfassung zeigt. Wenn es sich um Negatives handelt oder von dir als schlecht bewertete Dinge, dann lässt du sie in deinem Schattenreich verschwinden. Sie kommen zum Vorschein, indem ein anderer sie dir spiegelt. So frage dich also, wo in dir selbst Respektlosigkeit leben könnte und sei sie nur gedanklich oder auf einer völlig anderen Ebene oder in Bezug auf eine bestimmte Thematik. Wenn du dich dieser Wahrheit in dir gestellt hast, wirst du keinem respektlosen Menschen mehr begegnen, weil du ihn nicht mehr brauchst, um deinen eigene Respektlosigkeit zu erkennen.

Teil 2 deiner Situation könnte bereits eine Antwort auf deinen Schatten sein: Deine Angst redet dir ein, dass du wohl keinen Freund mehr haben wirst, während du gleichzeitig viele Angebote ausschlägst. Ist da wirklich Angst am Werk oder vielleicht doch möglicherweise fehlender Respekt? Wenn es da gar keinen Mann gibt, der es Wert ist, dir näher kommen zu dürfen, wie soll dann jemals eine Beziehung entstehen können? Bringst du diesen Männern, die sich um dich bemühen, wirklich Wertschätzung entgegen?

Ich glaube nicht, dass du dir dein Leben anders vorgestellt hast, denn wäre es so, dann würde dein Leben tatsächlich anders aussehen (du bekommst das, was du denkst). Du bist mit Glaubenssätzen und Überzeugungen unterwegs, die Respekt und Beziehung ausschließen. Überprüfe deine Gedanken hierzu. Dein Selbstmitleid ist ebenso spürbar, wie deine Erwartungen. Frage dich noch einmal ehrlich was du dir wünschst und richte deine Gedanken analog dazu aus. Bleibe dabei in einem realistischen Maß und respektiere selbst dankbar, was in dein Leben kommt.

Wie kann ich meinen Ex-Partner endlich loslassen? Ich habe immer nach ihm gelebt, während er gemacht hat, was er will. Wie kann ich es schaffen, dass er mir gleichgültig wird?

Wenn du immer nach deinem Partner gelebt hast, dann fehlt dir eine eigene Ausrichtung. Warum ist das so? Hast du das jemals hinterfragt, dir die Mühe gemacht, hinter diese Tatsache zu schauen? Und ich möchte hier nicht auf eine entwicklungspsychologische Antwort hinaus, etwa, dass deine Eltern dir dieses Beziehungsmuster möglicherweise vorgelebt haben. Dass deinem Verhalten eine Prägung zugrunde liegt, ist klar, weil dies bei jedem Menschen so ist. Frage dich also, was deine innersten Gründe sind, weshalb du dich an deinem Partner orientiert hast. Fehlen dir möglicherweise eigene Ziele? Kennst du deine Interessen? Sind da Wünsche und Bedürfnisse? Weißt du eigentlich überhaupt, was du gerne leben möchtest, „wenn man dich ließe"? Fehlt da möglicherweise die Erlaubnis, das zu leben, was du dir wünschst? Oder ist da vielleicht ein wenig Bequemlichkeit im Spiel, weil es auch vorteilhaft sein kann, sich jemandem anzupassen der kreativ ist und viele Ideen hat?

Es klingt ein leiser Vorwurf aus deinem Vergleich, wenn du sagst, dass er gemacht hat, was er wollte, während du dies nicht tatest. Ja, was soll er denn sonst tun? Jeder macht im Grunde was er will, so ist es gedacht; jeder lebt seine ganz eigene Bestimmung, lebt sich selbst. Natürlich ist in jeder Beziehung Anpassung zu leisten, damit ein gemeinsames, friedliches Miteinander gewährleistet ist. Aber in diesem Rahmen ist jeder für sich selbst verantwortlich, für sein Tun und Handeln und damit für die Gestaltung seiner Lebenssituation. Möglicherweise kannst du deinen Ex-Partner nicht loslassen, weil dir das, was er dir vorgelebt hat, fehlt. Sobald du beginnst, dein Leben selbständig kreativ zu gestalten, wirst du sein Wirken im Hintergrund nicht mehr brauchen. Wenn du deinem Leben Freude, Kreativität und Sinn gegeben hast, verblasst sein Bild. Steh also auf, schau was dir Freude macht und trage so viel wie möglich davon in dein Leben.

Ich habe das Gefühl, in einer Sackgasse zu stecken und nicht mehr weiter zu kommen. Ich kann nicht abschalten. Was kann ich tun, damit es mir besser geht?

Wenn du blockiert bist und nicht mehr weiter kommst, solltest du zuerst diese Situation vollständig annehmen. Wenn du selbst-bewusst inne hältst, ist es deine eigene Entscheidung, jetzt anzuhalten. Damit hast du das Heft wieder in die Hand genommen. Du gehst dann einen Schritt weiter und nimmst auch die Situation, dass dein Gedankenkarussell dich im Moment fest im Griff hat, ganz an. Hinter deinem Gedankenkreisen steht ein unbewältigter Konflikt. Hast du ihn gelöst, hält das Karussell an und du kannst aussteigen. Es geht also darum, herauszufinden, was die Ursache deiner Blockade ist. Da Probleme nicht auf der Bewusstseinsebene gelöst werden können, auf der sie entstehen, ist es offensichtlich, dass du dein Gedanken-Paradigma wechseln musst, damit eine Lösung überhaupt möglich wird. Um aus deinem tieferen, kreativen Bewusstseinspotential schöpfen zu können, musst du anhalten und in die Stille gehen. So lade ich dich ein, dir zwei Alternativen vorzustellen:

Nimm dir eine bewusste Auszeit, in der du nicht über das Problem nachdenkst, sondern es ganz bewusst für diesen Zeitraum „aussetzt". Gehe in dieser Zeit viel in die Natur, allein, bewege dich dort oder beobachte still und intensiv Tiere und Landschaften. Nimm alles in dich auf, als hättest du es noch nie zuvor gesehen. Lenke dich keinesfalls mit äußeren Vergnügungen oder Arbeiten ab. Diese Zeit ist ausschließlich der „inneren Einkehr" gewidmet. Am Ende dieses Zeitraums stelle dir in der Ruhe die Frage, ob sich eine Erkenntnis oder Wahrheit gefunden hat. Meist stellt sich die Lösung von ganz alleine ein, denn Kreativität kann nur in der (Gedanken-)Stille fließen.

Die andere Möglichkeit ist, dass du dir bestimmte Zeiten einrichtest, zu denen du an einem ruhigen Platz über das Problem meditierst. Du musst hierzu weder mit gekreuzten Beinen, noch auf dem Boden sitzen, es sei denn, du kannst das bequem und schmerzfrei. Wenn nicht, dann setze dich aufrecht auf einen Stuhl oder in einen Sessel. Atme dich im natürlichen Fluss in die Ruhe. Wenn dann das Äußere seine Einflüsse verliert, stelle dir *eine* Frage zu deinem Konflikt.

Wiederhole diese eine Frage 1-3 mal und lasse sie bewusst in dein Inneres fließen. Warte ab, ob sich spontane Ideen ergeben, manchmal ja, manchmal nein. Erzwinge nichts. Du kannst beim nächsten Mal entweder die gleiche Frage wiederholen oder eine andere stellen, einfach so, wie es dir zu diesem Zeitpunkt passend erscheint. (Fragebeispiele: Was kann ich nicht lösen? Wo/was ist mein Konflikt? Was genau blockiert mich? Welche Lösung wäre gut für mich? Was sind die wahren Gründe dafür, dass ich nicht abschalten kann? Was/wer macht mich nervös und unruhig? Was brauche ich, um ruhig zu werden?) So kommst du dir mehr und mehr auf die Spur und entdeckst die Wahrheit, die deinem Konflikt zugrunde liegt. Der Lösung steht damit nichts mehr im Wege; sie offenbart sich von selbst.

Ich suche meine Bestätigung in Partnerschaften und bin aktiv im Internet unterwegs. Leider ziehen sich die Männer immwer wieder zurück, wenn der Kontakt enger zu werden droht. Liegt das an mir?

Grundsätzlich wirken in einer Beziehung immer zwei (oder mehr) Menschen aufeinander ein und richten Erwartungen aneinander. Und dabei kann es passieren, dass die Erwartungen, die du an deine potentiellen Partner hast, nicht die sind, die diese erfüllen wollen. Ihr habt also verschiedene Vorstellungen, die nicht übereinstimmen. Das ist per se weder schlimm, schlecht, noch ungewöhnlich, sondern einfach nur individuelles Menschsein. Negativ wird die ganze Sache erst dann, wenn ihr nicht mit offenen Karten spielt, die Wahrheit über das, was ihr in einer Beziehung wirklich leben wollt, nicht ehrlich auf den Tisch legt. Wenn man sich in der „freien Wildbahn" begegnet, mag das anfangs nicht leicht sein, denn das Geheimnisvolle macht ja den Flirt erst interessant. Aus diesem Geheimnisvollen entsteht die Illusion, die die Wahrheit vertuscht. Der Alltag zwingt die Partner dann schlussendlich dazu, die rosarote Brille abzuziehen und das „wahre Gesicht" zeigt sich. Das ist die Zeit der großen Ent-Täuschung und gleichfalls die Chance für die „echte" Liebe. Alles zuvor war Liebelei und Illusion, ein Nicht-Wirklich-Hinsehen.

Diese Ernüchterungsphase tritt unweigerlich ein und gehört auch beim Internet-Kontakt zum natürlichen Ablauf der Dinge. Hier allerdings gewinnt das Ganze durch die Darstellung der Profile eine andere Qualität. Im Grunde siehst du hier eigentlich klarer worauf du dich einlässt. Wenn du also in deinem eigenen Profil den Wunsch nach enger Verbindung angegeben hast, sollten sich auch nur die Männer melden, die deiner Suche entsprechen. Wenn das nicht zum gewünschten Ergebnis führt, dann gibt es folgende Ursachen: Erstens, das Abscannen der Profile läuft zu oberflächlich ab oder zweitens, die Profile entsprechen nicht der Wahrheit oder drittens, du gehst auf ein Profil ein, das offensichtlich überhaupt nicht passt oder viertens, der Vergleich „im echten Leben" hält schlussendlich dem virtuellen Austausch nicht stand und der Typ gefällt dir einfach nicht (vice versa).

Ich leide unter Ängsten, seit mein Vater gestorben ist. Zudem trinke ich im Moment abends zu viel Alkohol. Wie komme ich da raus?

Es ist offensichtlich, dass deine Ängste mit dem Tod deines Vaters in Zusammenhang stehen, sofern sie nicht bereits zuvor existiert haben. Untersuche die Beziehung, die du zu deinem Vater hattest, beleuchte euer Verhältnis. Habt ihr euch auf derselben Ebene ausgetauscht oder war er auch später noch die Autorität, der Berater und Entscheider deiner Kindheit für dich? Angst kann nur existieren, wenn Abhängigkeit besteht. Wärest du tatsächlich von deinem Vater abgenabelt und würdest erwachsen, also selbstverantwortlich leben, könnte jetzt keine psychische Angst auftauchen. Denn wovor solltest du Angst haben? Schau dir die Themen deiner Ängste ganz genau an und stelle dich dem, was dabei ans Licht kommt. Der Tod deines Vaters zwingt dich jetzt in die Erwachsenenwelt. Du musst deine Kindheit jetzt loslassen, sie existiert nicht mehr.

Das Leben fließt in seinem ganz natürlichen Prozess und je mehr du mit gehst, die Dinge also annimmst wie sie kommen, desto kraftvoller kannst du agieren. Wenn du den Verlauf der Dinge blockierst, weil du sie anders haben möchtest, entsteht Widerstand, der schlussendlich psychische Angst erzeugt. Es ist dann so, als würde David gegen Goliath kämpfen, wobei David in der rationalen Betrachtung leider verlieren muss. Das Leben ist kein Mythos, sondern verlangt Bewusstheit von dir. Stelle dich deiner Realität, verschaffe dir einen Überblick über deine Lebenssituation und bringe Klarheit in alle Themen, die du bisher deinem Vater überlassen hattest. Wenn du Bewusstheit in dein Leben bringst und dadurch imstande bist, dir selbst Orientierung zu geben, braucht es keine Ängste mehr, weil Angst nur in Unbewusstheit existieren kann.

Du bist dann vollständig erwachsen, wenn du ohne äußeren Berater auskommst. Dazu gehört auch der Alkohol, der dir als „schlechter Berater" vorgaukelt, dich zu entspannen und dir einredet, dass doch alles in Ordnung ist in deiner Welt und dass es nicht notwendig ist, darin etwas zu verändern. Der Alkohol hält dich in deiner Kindrolle und hindert dich daran, klar zu sehen; er sorgt dafür, dass sich der Nebel nicht lichtet. Schau dir also genau an, weshalb du trinkst. Wovor flüchtest du? Etwa vor der Tatsache, dass dein Vater tot ist und du jetzt alleine für dich sorgen und „dir selbst ein Licht sein musst"? Um deine Frage konkret zu beantworten: Du kommst raus, wenn du dich dieser Realität stellst, die Kindrolle loslässt und erwachsen für dich selbst sorgst.

Seit Jahren habe ich mit meinem Mann Diskussionen, die immer gleich ausgehen. Ich fühle mich nicht verstanden, nicht ernst genommen, nicht respektiert und nicht geachtet. **Wie kann ich herausfinden, ob eine Trennung für mich richtig wäre?**

Wenn du mit deinem Mann schon jahrelang die gleichen Diskussionen führst, seid ihr offensichtlich im Problem hängen geblieben, weil ihr euch nicht lösungsorientiert austauscht. Da fehlt das Verbindende, eine gemeinsame Basis. Jeder versteift sich auf seine Meinung oder einer von euch beiden ist nicht kompromissbereit. Eine gemeinsame Lösung kann aber nur im Konsens liegen. Kommt dieser nicht zustande, kann nur eine Trennung die Folge sein, wenn euer Leid enden soll. Ein Kompromiss würde bedeuten, dass eure Beziehung eine neue Basis finden muss, die für euch beide lebbar ist. Ohne Veränderung ist ein Fortbestand der Beziehung kaum möglich, weil die Vergangenheit zeigt, dass sie so wie sie ist nicht gesund gelebt werden kann. Veränderungen geschehen im Außen und im Innen. Während im Außen nicht immer verändert werden muss, ist jedoch eine (innere) Veränderung der Einstellung immer notwendig (Sichtwechsel). Da ich die Seite deines Mannes nicht kenne, kann ich nur das beleuchten, was du in deiner Frage für dich formuliert hast.

Ganz augenscheinlich treten hier Erwartungen auf, die du an deinen Partner richtest. Er soll dich verstehen, ernst nehmen, respektieren und achten. Schauen wir uns die Attribute im einzelnen an: Es ist nicht immer möglich, dass du vom anderen verstanden wirst; du kannst ein Verstehen nicht voraussetzen. Dein Partner kann völlig andere Gedankengänge haben als du, weil er anders geprägt, also konditioniert wurde. Dein Denken kann ihm ganz fremd sein. Und so ist es nicht verwunderlich, dass er dich in manchen Dingen nicht nachvollziehen kann. Das ist menschlich und nicht verwerflich. Hinzu kommt, dass in der Beziehung zwischen Mann und Frau weitere Faktoren wirken, die wir typisch männlich oder typisch weiblich nennen. Diese Unterschiede bestehen und sollten Beachtung finden und respektiert werden, weil sie von der Natur so angelegt sind. Insofern ist dein Wunsch, vom Partner verstanden zu werden, nicht immer möglich; genau so wenig, wie verlangt werden kann, dass du deinen Partner in jedweder Hinsicht nachvollziehen kannst. Wenn ihr beide bereit seid, dies als Fakt anzunehmen, ist bereits ein Großteil eurer Problematik gelöst. Es geht also um das Akzeptieren der Unterschiedlichkeiten, was Toleranz bedeutet.

Wenn du dich nicht ernst genommen fühlst, so frage dich, ob du dich selbst als „kleiner" siehst. Seid ihr wirklich ebenbürtige Partner oder besteht ein Autoritätsgefälle? Trägst du möglicherweise einen Konflikt aus deiner Kindheit aus? Agierst du wirklich erwachsen, so dass du überhaupt ernst genommen und respektiert werden kannst? Fühlst du dich ausgeliefert und ist da irgendwo ein Opfer in dir? Wenn du sicher von dir sagen kannst, dass du erwachsen bist, dann kann es nur so sein, dass dein Mann in einer Rolle agiert, die dich abwertet. Es ist auch möglich, dass eher wenig Mitgefühl und Sensibilität in ihm angelegt sind oder er mit einem guten Schuss Egoismus durchs Leben geht. In jedem Fall hast du die Wahl, mit diesem Menschen weiterzugehen oder nicht. Wenn die Werte zu unterschiedlich sind, ist oft kein Konsens möglich. Die Toleranz, die notwendig wäre, um diese Lücke zu schließen, müsste unendlich groß sein. Wenn du das leben kannst, so soll es so sein und wenn nicht, dann nicht. Und dann ist da schlussendlich noch die Frage der Liebe: Wenn sie da ist, dann wirst du den anderen in seinem So-Sein schätzen, auch in unliebsamen Zeiten.

Ich fühle mich ständig unsicher und zweifle an mir selbst. Ich möchte den Anforderungen gerecht werden und meine eigene Sicht ausdrücken dürfen. Wie kann ich selbstsicherer und souveräner werden?

Schau dir an, wie deine Unsicherheit entsteht: Du verlangst von dir, die Anforderungen deiner Außenwelt zu erfüllen. Gelingt dies nicht in jedem Fall (was natürlich ist), beginnst du an dir zu zweifeln, weil du glaubst, dass du versagt hast, nicht gut genug bist. So machst du dir Gedanken darüber, was der andere jetzt von dir hält. Dein Selbstbild wird negativ und Unsicherheit entsteht. Du erkennst nicht, dass du etwas von dir verlangst, was nicht möglich ist, zumindest nicht, ohne dich selbst dabei „aufzulösen". Wenn du beispielsweise zehn Personen gerecht werden möchtest, musst du dich zehn verschiedenen Denkweisen beugen, während du dich selbst verleugnest. Glaubst du, dass das von dir verlangt wird? Hast du das Gefühl, dass du dir nicht erlauben darfst, dich selbst zu leben, deine eigene Sicht ausdrücken zu dürfen und wenn ja, weshalb fühlst du das so? Ist das deine Prägung und möchtest du diese wirklich beibehalten?

So lange du versuchst, „anderen Göttern zu dienen" und den einen und einzigen dabei vergisst, kannst du nur scheitern. Wenn du dich auf dich selbst ausrichtest und beginnst, deinem eigenen Gott in dir Raum zu geben, verschwinden deine Zweifel automatisch und Selbstvertrauen kann entstehen. Mit „deinem eigenen Gott dienen" ist nicht gemeint, dich deinem Ego auszuliefern, das nur selbstsüchtige Interessen kennt. Es bedeutet vielmehr, dein eigentliches Wesen wirken zu lassen. Du kannst beide unterscheiden, wenn du dir die Frage stellst, ob du etwas willst oder spürst. Das Wollen kann nur Ego, also Wille, sein, während das Spüren dem Wahrnehmen deiner inneren Weisheit entspricht. Wenn du dich nach deiner Freude richtest, dann bist du da, wo du wirklich bist bzw. dann hast du dich selbst gefunden. Die Außenwelt verliert ihre Wichtigkeit, was nicht bedeutet, dass du nicht hilfsbereit sein sollst, wenn dich jemand um Hilfe bittet. Du sollst dies nur aus echter Freude oder Bereitschaft tun und nicht, weil du dem andern gerecht werden möchtest, um damit eine „Aufwertung" zu bezwecken.

Jedes Handeln, das aus deiner Freude kommt, kann immer nur richtig sein in dem Sinne, dass es so-sein-soll. Selbstsicher bist du nur, wenn du in dir verankert bist, deinen „inneren Gott" spüren kannst. Dann ruhst du in dir und kannst problemlos deine eigene Sicht ausdrücken. Souveränität setzt Authentizität voraus. Wenn du kongruent wirkst, sind alle Zweifel verschwunden, weil du in innerer Übereinstimmung handelst.

Ich habe Angst vor dem Rentendasein, vor Krankheit und Tod. Wie komme ich wieder in die Freude?

Nun, wahrscheinlich siehst du das Rentendasein als Krankheit und Tod, ein Dahinsiechen in Leblosigkeit, ein Bergabverlauf bis zum bitteren Ende. Wenn du diesen letzten Abschnitt des Lebens tatsächlich so negativ bewertest, ist es kein Wunder, wenn die Freude dich vollständig verlassen hat. Woher kommt diese pessimistische Sicht? Lässt du dich vielleicht von deinem Umfeld beeinflussen, das dir Krankheit und Leid spiegelt, weil du dich selbst so siehst? Dein Leben verläuft so wie du denkst. So wie deine Sicht ist, so ist auch dein Leben. Wenn du ein Leben in Freude führen, deinen „Lebensabend" in vollen Zügen genießen möchtest, dann musst du dich also entsprechend mental darauf ausrichten. Der erste Schritt für dich ist also, deinen Blickwinkel zu verändern, gedanklich eine andere Richtung einzuschlagen, dein Bewusstsein auf das lenken, was gut und angenehm für dich ist. Distanziere dich von Menschen, die immer nur am Jammern sind. Richte dich selbst auf Freude aus und tu endlich das, was du schon immer tun wolltest.

Stelle eine Liste solcher Highlights auf und manifestiere sie in deinem Leben. Jetzt ist die beste Zeit, genau solche Dinge in die Tat umzusetzen. Wann sonst solltest du es tun, wenn bisher „noch nicht die Zeit" war? Du bist frei und es liegt ganz allein an dir, dein Leben lebendig zu gestalten. Es erfordert lediglich ein wenig Aktivität, Initiative und der Wille zur Gestaltung. Was steht dir im Weg? Vielleicht ein wenig Bequemlichkeit oder der Unwille, die Dinge des Lebens anzunehmen? Wenn du Widerstand übst, wirst du Krankheit ernten. Du kannst bis ins hohe Alter ein Leben in voller Kraft leben, wenn du es frei fließen lässt und dich seinen natürlichen Phasen hingibst. Lehne nichts ab und schwinge mit allem was geschieht. Ja, die körperliche Kraft lässt nach und die Dinge geschehen langsamer. Aber warum sollte es schnell gehen? Weisheit entsteht in der Stille des Seins, wenn das Leben leiser wird und so viel wertvoller, als jemals zuvor.

Mein Ich fehlt, ich habe kein Ziel und weiß nicht was ich will. Deshalb neige ich dazu, mich meinem Partner anzupassen und mich mit ihm zu identifizieren. Mit der Zeit hab ich dann immer das Gefühl "ich muss weg". Wie kann ich mich finden?

Es hat eine gewisse Logik, dass du dich mit den Zielen deines Partners identifizierst, so lange du nicht weißt, was du selbst in diesem Leben zum Ausdruck bringen möchtest. Hast du dich schon einmal gefragt, weshalb du keine Ziele hast? Was nicht heißen soll, dass du welche haben musst; doch wenn du unter Ziellosigkeit leidest, fehlen sie dir offensichtlich. Eine gewisse Ausrichtung im Leben ist sicher sinnvoll, wenn sie sich an deiner natürlichen Anlage orientiert. Denn das ist es, was du leben sollst. Wenn du dein Potential in dir finden möchtest, musst du still werden und den Rückzug aus Aktivitäten antreten, die nicht deine sind. Nimm dir bewusst Zeit, in dich hinein zu horchen: Was sind deine Talente? Was kannst du gut? Was interessiert oder begeistert dich? Was macht dir Freude? Schreibe alles auf, was aus dir auftaucht, egal wie realistisch oder illusionär es sich im ersten Moment anfühlen mag.

Die bewusste Zeit kann sich zum Beispiel auf ein einmaliges Wochenende nur für dich beziehen oder du reservierst dir regelmäßige Zeitpunkte, um zur Ruhe zu kommen und zu reflektieren. Falls es dir schwer fällt, dich bewusst in die Stille zu begeben, dann kannst du auch anders verfahren: Lege dir ein kleines Büchlein an, in das du täglich deine Highlights notierst. Begrenze dich dabei nur auf Geschehnisse, die du positiv empfindest. Verfahre so über ein paar Wochen, wobei du natürlich auch modernere Möglichkeiten des Notierens nutzen kannst. Die Eintragungen, die sich am meisten wiederholen, sind das was du leben sollst, weil sie dir offensichtlich Freude bereiten. Es liegt dann in deiner Verantwortung, diese Dinge bewusst in dein Leben und damit natürlich auch in deine Beziehung zu integrieren. Du wirst feststellen, dass sich der Drang nach Weglaufen verläuft, weil sich die Überanpassung an deinen Partner dadurch ausgleicht. Vielleicht nützt dir folgendes Bild zur Veranschaulichung:

Stelle dir zwei Kreise vor, die sich zu 50% überlappen. Der eine Kreis stellt dich dar und der andere deinen Partner.

Jeder gibt von sich also 50% in die Beziehung ein, was sich zu einem „Wir" von dann 100% fügt. Dir sowie deinem Partner verbleiben jeweils die restlichen 50% zur Gestaltung individueller Wünsche, Ziele, Bedürfnisse, Interessen etc. Die Prozentzahlen sind selbstverständlich nicht statisch, sondern richten sich jeweils nach den Beziehungswünschen und Vorstellungen beider Partner (mehr oder weniger „Wir" versus Freiraum).

Zu guter Letzt macht es aber Sinn, dir die Frage zu stellen, weshalb du Ich-los bist und wieso du dich so leer fühlst. Leer zu sein ist nichts Negatives, wenn es richtig verstanden wird, im Gegenteil. Wenn deine Ichlosigkeit aber bedeutet, dass dir einfach nur langweilig ist, weil es dir zu anstrengend ist, dein Leben mit Bewusstsein zu füllen, dann hast du noch nicht verstanden, dass „Ziele haben" oder „sich im Leben orientieren" von dir kommen muss und dass du diese Zeit für dich investieren solltest. Alles andere wäre Bequemlichkeit und Verantwortungslosigkeit. Es sei denn, du überlässt dich vollständig dem Leben, was die eigentlich sinnvollste Art zu leben ist, weil dir schlussendlich sowieso nichts anderes übrig bleibt. Aber das bedingt umso mehr, dass du dich nicht an einen anderen Menschen hängst und dich von ihm mitziehen lässt, sondern ganz bei dir bist. Abhängigkeiten und Bindungen können in diesem Fall nicht mehr existieren bzw. sind überwunden.

Meine Ängste halten mich von Aktivitäten ab, die mir Freude machen und hemmen mich auch bei sonstigen Situationen. Äußere Einflüsse verunsichern mich. Woher kommen meine Ängste?

Deine Ängste verhindern offensichtlich, dass du ein aktives und freudvolles Leben führen kannst. Fast gewinnt man den Eindruck, dass ein solches Leben etwas Schlechtes oder Bedrohliches sein könnte. Ist da vielleicht eine Überzeugung in dir, die dir die Freude am Leben verbietet? Wenn du wissen möchtest, woher deine Angst kommt, kannst du in dir nachforschen, wer dich in deiner Kindheit durch angst- oder sorgenvolles Tun vom kindlich neugierigen Entdecken des Lebens fern gehalten hat. Die Ursache, weshalb du dazu neigst, dich von äußeren Meinungen beeinflussen zu lassen, ist damit verknüpft. Allerdings ist das „Wer" oder „Warum" letztendlich nicht entscheidend, weil jeder Mensch in seiner Entwicklung durch die prägende Zeit der Kindheit geht und sich dementsprechend ausformt. Das „Warum" ist also immer gleich; im „Wer" kann es Unterschiede geben, je nachdem, welcher Einfluss (Mutter oder Vater oder eine andere Autorität) auf dich intensiver war.

Worum es geht, ist, dass du *jetzt* diese begrenzenden Glaubenssätze und Überzeugungen über Bord wirfst und dir selbst die Erlaubnis gibst, dein Leben in vollen Zügen genießen zu dürfen. Mache dir klar, dass du heute erwachsen bist und dein Leben ganz allein nach deinen Wünschen gestalten darfst und sollst. Was auch immer andere wollen, soll deren Sache bleiben und hat mit dir nichts zu tun. Das Menschsein, richtig gelebt, bedeutet, dass du genau das lebst, was in dir angelegt ist. Du kannst es spüren, wenn du still wirst und alle äußeren Einflüsse an dir vorüberziehen lässt. Das bedeutet, dass du dich von den Menschen abgrenzen musst, die einen besonders starken Einfluss auf dich haben. Manchmal ist eine räumliche Distanz hilfreich; sie nützt jedoch nichts, wenn du geistig an diese Menschen gebunden bleibst, weil du ihnen immer noch Macht über dich gibst. *Ge*bunden sein ist nicht zu verwechseln mit *ver*bunden sein. Gebunden sein bedeutet Abhängigkeit, Einflussnahme, Dominanz, während verbunden sein bedeutet, dass du zwar eng mit dem anderen zu tun haben kannst, dabei jedoch keinerlei Abhängigkeit, also kein „Brauchen" existiert. Wenn er da ist, ist es gut und wenn nicht, dann ist es auch gut.

Mit deinem Ego verfährst du nicht anders. Es hat diese eingrenzenden und Angst machenden Überzeugungen tief abgespeichert und korrespondiert so mit allen Kontakten, denn die, deren Einfluss du dich entziehen musst, sind lediglich der Spiegel deines eigenen Egos. Das bedeutet, dass du dich in erster Linie von deinem Ego distanzieren musst, von deinem eigenen Angst-Programm also. Mache dir klar, dass du nicht das Ego bist und dass du alles, was du einmal gelernt hast, auch wieder umprogrammieren kannst. Dies ist ein ganz natürlicher Ablauf des Lernens. Nichts muss bleiben wie es ist. Du kannst das an deinen eigenen Meinungen feststellen, die sich mit der Zeit, mit den Umständen, mit den Erfahrungen und deiner Reife immer wieder ändern können. Doch von was auch immer du dich lösen, was auch immer du verändern möchtest: es braucht deinen absoluten Willen, dich über dein Ego zu erheben und dich wahrhaftig selbst zu leben. Das bedeutet Achtsamkeit und Bewusstheit in deine Gedanken und Gefühle zu bringen. Mit der Überwindung deines eigenen „Angst-Programms" können andere automatisch keinen Einfluss mehr auf dich ausüben.

Ich habe herausgefunden, dass mein Mann mich seit Jahren berügt. Seitdem steht mein Gedankenkarussell nicht mehr still. Ich komme mit dem Vertrauensmißbrauch, dem Hintergehen und der Enttäuschung nicht klar. Wie kann ich das hinter mir lassen?

Es ist absolut nachvollziehbar und natürlich, dass dich in dieser Situation Gedanken quälen. Die Fragen sind berechtigt und wollen geklärt werden. Nimm sie also an und fliehe nicht vor ihnen, denn sie holen dich so lange ein, bis sie bereinigt sind. Die Antworten, die du findest, machen dich auf eine Wahrheit aufmerksam, die du bislang (bewusst oder unbewusst) übersehen hast. Da war ein Konflikt, der von keinem gesehen, geschweige denn gelöst werden wollte. Die entscheidende Frage ist, warum? Wäre es zu anstrengend gewesen? Wurden materielle oder sonstige Verluste vermutet, die wahrscheinlich Veränderungen mit sich gebracht hätten? War da der Versuch, dem Schmerz auszuweichen, der sich einstellt, wenn eine Illusion zerplatzt? Trat Angst vor dem was kommt auf? Aus welchem Grund wurde über Jahre die Lüge nicht entlarvt? War da wirklich nie eine Ahnung oder leise Vermutung? Sei ehrlich mit dir, ohne dein Tun bzw. Nicht-Tun zu bewerten. Es geht lediglich darum, wieder in deinen Seelenfrieden zu finden und das kann nur geschehen, wenn du dich der Wahrheit der Sache stellst.

Schau dir dabei ganz besonders das Thema „Lügen und Betrügen" an. Wenn wir davon ausgehen, dass sich der Mensch spiegelt und so der andere dich oder einen Aspekt von dir selbst zeigt, so musst du dich unweigerlich fragen, worin ein möglicherweise eigenes Lügen und Betrügen bestand. Wem hast du vielleicht etwas vorgemacht? Wo bist du selbst nicht ganz ehrlich gewesen? Wo oder wem hast du etwas anderes gezeigt, als tatsächlich war? So unangenehm diese Fragen auch immer erscheinen, du wirst ganz sicher auf Wahrheit stoßen und sei es „nur" die, dass du dich jahrelang selbst belogen und betrogen hast. Die Antwort ist dein Anteil an der Sache.

Nichts geschieht, ohne dass nicht beide (oder mehrere) Parteien daran beteiligt sind und es ist an jedem selbst, sich seinem Verhalten zu stellen und Verantwortung dafür zu übernehmen. Wenn du in dir zur Klarheit findest, wird dich das in ein wachsameres Bewusstsein führen. Damit hat die Sache ihren Sinn erfüllt. Ob dein Mann ebenso verfährt und sich seiner Wahrheit stellt, ist ihm überlassen. Tut er es nicht, wird dies nur dann deine Enttäuschung verstärken, wenn du noch eine Illusion über ihn im Kopf hast. Sobald du akzeptierst, dass er so ist wie er ist und dass es so gelaufen ist, wie es gelaufen ist, bist du frei und kannst dich auf dein „neues Leben" einlassen.

Meine Mutter hat mich wie eine Marionette behandelt. Ich habe das Gefühl, dass etwas an mir hängt, was nicht zu mir gehört und fühle mich abhängig gegenüber meinem Partner. Wie kann ich frei werden?

Das Gute ist, dass du dich gut wahrnehmen kannst. Du ahnst intuitiv, dass du das Beziehungsmuster, welches dich mit deiner Mutter verband, auch in deiner Partnerschaft lebst - und wahrscheinlich nicht nur hier. Das, was nicht zu dir gehört, sind die Ansprüche und Erwartungen die du glaubst, deinem Partner gegenüber erfüllen zu müssen, genau wie früher deiner Mutter gegenüber. Du beobachtest, was der Partner von dir wollen könnte und versuchst dem zu entsprechen. Du schaust auf den anderen, anstatt auf dich selbst und deshalb ist es etwas Fremdes, etwas was nicht zu dir gehört. Wenn du dich aus diesem (Beziehungs-)Muster befreien möchtest, musst du zuerst deine Kindrolle ablegen, aus der heraus du immer noch agierst. Das, was du loslassen musst, ist der Glaube, dass du die Erwartungen des anderen erfüllen müsstest, um geliebt zu werden und gut zu sein. Wenn du versuchst so zu sein, wie du vermutest, dass der Partner dich haben möchte, entfremdest du dich von dir selbst. Du korrumpierst dich in deinem ganzen So-Sein und blockierst das, was dir wirklich entspricht und von dir in dieses Leben getragen werden möchte.

Erkenne, dass du heute erwachsen bist und dass deine Mutter keinen Einfluss mehr auf dich ausüben kann, wenn du das nicht zulässt. Nimm dir Zeit für dich, gehe in die Stille und notiere alles, was dir zu deiner Mutter und deiner Beziehung zu ihr einfällt. Schaue dir genau ihr Verhalten und deine Reaktionen darauf an. Entlarve die Muster, die du aus der Kindheit mitgebracht hast, denn du hast sie in deine Beziehung übertragen. Finde für dich neue Verhaltensregeln und besprich alles offen mit deinem Partner. Er muss deine Veränderung nachvollziehen können und dich möglichst darin unterstützen, indem er dies zulässt. Tut er dies nicht, so macht das nur deutlich, dass er gleichfalls sein „Programm" in der Beziehung ausagiert und jetzt ebenso die Gelegenheit hat, sich gemeinsam mit dir aus ihm zu lösen. Das ist die Aufgabe einer jeden Beziehung: es geht nicht darum, dass dein Partner dich glücklich macht, sondern dass du an ihm wächst (vice versa).

Es muss mir gelingen, mich vom Partner unabhängig zu machen, mein Lebensglück aus mir selbst heraus zu finden und mein Leben zu leben und nicht das eines anderen. Wie kann ich das angehen?

Um „dein Leben leben zu können" musst du zuerst einmal eine Vorstellung davon haben, es sei denn, du befindest dich bereits in Paradigma 1/0 und hast keine eigenen Ziele (Willen) mehr. Im letzteren Falle lässt du dich vom Bewusstsein des Großen-Ganzen führen, bist eins mit dem Leben. Im engeren Sinne hast weder du ein eigenes Leben, noch ich oder der Hund oder der Baum. Denn du BIST Leben und Leben ist EINS und in diesem EINS hast du eine Lebenssituation, die sich verändert, weil sie sich mit dem Leben und dem, was dieses Leben für dich gedacht hat, bewegt. Hättest du dieses Bewusstsein in dir erschlossen, würdest du diese Frage nicht stellen, weil sie dort nicht existiert. Also gehen wir davon aus, dass du dich in Paradigma 2 befindest und somit den Wunsch hast, deine Lebenssituation nach deinen Bedürfnissen zu gestalten.

Dies zu können, setzt voraus, dass du tatsächlich weißt, welche Wünsche du hast, dass du entweder einen Plan hast oder zumindest eine Ahnung dessen, was dir Spaß macht, worin deine Freude liegt und was deine Talente und Stärken sind. Wenn du das nicht weißt, weil du nicht auf dich achtest, sondern auf das, was der Partner sich wünscht, ist es eine logische Folge, dass du dich dann auch nach dem Partner richtest. Nimm dir also Zeit, dich selbst zu erforschen, dich selbst kennenzulernen und notiere alles, was dir zu dir selbst einfällt, jede Idee, die in dir auftaucht. Was wolltest du schon immer einmal tun? Welche Sehnsucht steckt in dir? Erinnerst du dich an kindliche Wünsche, die du immer noch spüren kannst? Welche Interessen schlummern in dir? Schaue dir dann deine Liste an und überprüfe, welche Punkte deiner aktuellen Lebenssituation gemäß realistisch ins Leben transferiert werden können. Bringe das was du wählst sofort in Bewegung, setze also die Dinge um im Sinne von tatsächlicher Handlung.

Wenn du deine inneren Wünsche nicht manifestierst, mag dir Bequemlichkeit im Wege stehen. Möglicherweise scheust du die Veränderung, weil du sie dir anstrengend vorstellst? Oder du gehst einem möglichen Konflikt mit dem Partner aus dem Weg, der gewohnt ist, dass du ihm folgst? Oder vielleicht ist es gar einfacher, sich an einen anderen Menschen zu hängen und sich von ihm mitziehen zu lassen? Sei ehrlich, schaue dir deine Wahrheit an und entscheide für dich, ob du wirklich unabhängig leben möchtest und bereit bist, mögliche Anstrengung in Kauf zu nehmen oder ob es dir lieber ist, in der bequemen Abhängigkeit zu bleiben. Beides hat seine Vor- und Nachteile und es liegt allein an dir, dich für eines *bewusst* zu entscheiden. So oder so musst du also lernen, Verantwortung für dich zu tragen. Das ist der Schlüssel.

Ich habe seit 29 Jahren Angst und muss unermesslich leiden. Ich habe schon so vieles versucht. Man hat mir gesagt, ich müsste Prüfungen bestehen, um Gottes Herrlichkeit zu sehen. Das macht mir Angst. Wie kann ich mich von diesem Leid erlösen?

Die Angst nimmt dein ganzes Leben ein, so dass zwangsläufig ein gewisser Verdacht aufkommt, dass sie im Laufe der Zeit möglicherweise still und leise zum Sinn deines Lebens wurde. Wie sieht dein Leben aus, abseits der Angst? Bist du zufrieden, ist es erfüllend und verspürst du Freude? Oder bleibt da nichts, weil du dich vollständig auf deine Angst ausgerichtet hast? Das sind entscheidende Fragen, die du dir ehrlich beantworten solltest, weil dadurch ein wichtiger Komplex zum Vorschein kommen kann, der, abgesehen von deiner Prägung, die Hauptursache deiner Angst-Symptomatik darstellt.

Warum hat dir von alldem, was du bisher versucht hast, nichts geholfen (zig esoterisch-spirituelle Ratgeber, Schulmedizin, Psychopharmaka und Geistiges Heilen, Bachblüten und Klinikaufenthalte)? Wenn ich dir jetzt sage, dass die Angst einen positiven Aspekt für dich hat, wirst du wahrscheinlich laut „nein" rufen wollen und in den Widerstand gehen. Doch halte inne und spüre tief in dich hinein, ob da nicht doch ein leises Erkennen fühlbar ist. Jede Krankheit hat ihren „Krankheitsgewinn"; da geht es in erster Linie um die verstärkte Zuwendung und andererseits hast du eine wunderbare Ausrede, etwas nicht tun zu müssen, was dir unangenehm ist. Wenn du in die Vermeidung gehst, bedeutet das Widerstand, was wiederum Krankheit begünstigt. So beißt sich die Katze in den Schwanz. Diese meist unbewusst ablaufenden Verhaltensmuster kannst du nur dann durchbrechen, wenn du dir die wahren Hintergründe anschaust und dir klar wird, weshalb die Angst zum Inhalt deines Lebens wurde.

Weil du dich von äußerer Hilfe abhängig machst, hängst du in der Rolle des Opfers fest. Keine andere Person ist wirklich in der Lage dich zu heilen, wenn du nicht mit aller Kraft aus dir selbst heraus dies möchtest und Verantwortung für deine Heilung übernimmst. Hast du dich jemals gefragt, was *du selbst* tun kannst um heil zu werden? Nach 29 Jahren vergeblicher Suche im Außen müsste offensichtlich werden, dass dies nicht der Weg ist, um dich von deiner Angst befreien zu können. Wenn du heil werden willst, musst du im ersten Schritt das Kämpfen, also den Widerstand, einstellen, in die Ruhe gehen und annehmen was ist.

Du suchst aber in esoterischen Kreisen nach Hintergründen und man erzählt dir von Prüfungen, die du durchschreiten musst, was deine Angst steigert. Wer könnte dir solche Prüfungen abverlangen können? Gott, sonstige Autoritäten oder möglicherweise dein eigenes Ego? Du kannst dich auf der Stelle von deinem Leid (Versagensangst) befreien, wenn du jetzt sofort aufhörst, dein Leben mit fiktiven Prüfungen zu belasten. Mache dir jede Sekunde klar, dass es keine Prüfungen zu bestehen gibt, sondern dass es darum geht, das vollständig zu leben, was du bist. Deine Angst begrenzt dich selbst, weil du aus einem falsch verstandenen Gottesbild heraus das, was du aus deinem Leben ausschließt, als negativ, schlecht oder sündig bewertest. In dir lebt ein strafender Gott, was bedeutet, dass deine Ur-Angst auf „Gottesfurcht" gründet (Angst vor Strafe, nicht gotteswürdig zu sein, vor Gott zu versagen). Dieses verzerrte Bild lässt dich glauben, dass du, wenn du die Prüfungen nicht bestehst, Gottes Herrlichkeit nie sehen wirst. Dabei kannst du sie sehen, genau jetzt, jeden Tag, jede Minute: Schau durch dein Fenster, dort ist sie – überall; in jedem Blatt, in jeder Wolke, in jedem Tier, in jedem Menschen – auch in dir!

Ich befinde mich in einer emotionalen Abhängigkeit zu meinem Mann und suche ständig seine Aufmerksamkeit. Wie kann ich die Angst, ihn zu verlieren und meine Anhänglichkeit loswerden?

Wenn du eine Abhängigkeit zu deinem Partner hast, dann muss er einen Zweck für dich erfüllen. Finde heraus, welcher das ist. Fühlst du dich in seiner Nähe wohler, wertiger, attraktiver, schöner? Geht es um Geborgenheit, Sicherheit oder Angenommensein? Suchst du nach Bestätigung, Lob oder Anerkennung? Was bedeutet für dich „mein Mann"? Welchen Zweck erfüllt er für dich? Alles was einen Zweck hat kann nicht Liebe sein, weil Liebe „zwecklos" ist. Sie ist ganz und gar frei und ohne Bedingung oder Erwartung. Wahre Liebe ist kein Nehmen und Geben, sondern Schenken.

Du willst von deinem Partner Aufmerksamkeit damit du dich gut fühlen kannst. Erfüllt er dies nicht, geht es dir schlecht. Auf diese Weise gibst du deinem Partner die Verantwortung für dein Befinden. Auf Dauer wird er diese Bürde nicht tragen können (es sei denn, es ist sein psychisches „Programm", das sich „krankhaft" mit deinem deckt) und so wird er sich in gleichem Maße von dir distanzieren, mit dem du ihn bedrängst. Erkenne die Egozentrik, die deinem Verhalten zugrunde liegt und stelle dich der Herausforderung eines Lebens in Selbständigkeit. Dein Glück liegt in deiner eigenen Hand und genau das ist es, was erwachsenes Menschsein bedeutet. Niemand ist für dein Lebensglück verantwortlich, außer dir selbst, egal wie schmerzhaft auch immer deine Beziehung zu deiner Mutter oder deinem Vater gewesen sein sollte, die im Hintergrund deiner Thematik steht. Je mehr du deinem Partner Freiraum lässt, damit er sich selbst leben kann, desto ehrlicher wird er dich lieben. Wenn du der Beziehung keine Freiheit schenkst, wirst du sie ersticken. Selbst wenn dein Partner trotzdem bei dir bleibt, ist die Beziehung tot, da dann keine Liebe, sondern die Angst vor Alleinsein gelebt wird.

Ich habe immer Angst enttäuscht zu werden und schütze mich. Wie kann ich das loswerden?

Was heißt es, ent-täuscht zu werden? Es bedeutet, dass du eine Täuschung aufdeckst, die dich in die Wahrheit „zwingt". Folglich bezieht sich also deine Angst auf die Entdeckung der Wahrheit. Aus welchem Grund solltest du vor ihr Angst haben? Weil Wahrheit Träume zerstört; und Erwartungen sind Träume, zum Beispiel wie jemand sein oder wie etwas geschehen soll. Zuerst muss also eine solche Vorstellung existieren, damit Ent-Täuschung überhaupt stattfinden kann. Das bedeutet im Umkehrschluss, dass wenn du Enttäuschung gar nicht erst entstehen lassen möchtest, du zuvor nichts erwarten darfst. Das ist im Grunde wirklich einfach, wenn du bereit bist, die Dinge geschehen zu lassen, wie sie sind.

Doch der Mensch projiziert seine Wünsche und Bedürfnisse nach außen, auf andere Menschen und Situationen. Diese sollen dann die Vorstellungen erfüllen. Wenn aber der andere nicht geben kann, was du von ihm erwartest, bist du enttäuscht. Vorwürfe folgen, weil die Situation oder der Mensch dir verweigert hat, was du dir gewünscht hast. Das Ego ist beleidigt und bejammert sein mieses Los oder es reagiert trotzig und wütend.

Je mehr Erwartungen du hast, desto mehr (Erfolgs-) Druck und Angst vor Misserfolg (= Enttäuschung) entsteht. Begreife, dass du selbst der Initiator deiner Enttäuschung bist und der andere nichts dafür kann. Er ist einfach nur nicht so wie du ihn dir vorgestellt hattest. Wenn du Schutz brauchst, dann nicht vor den anderen, sondern vor deinen eigenen (hohen, überzogenen) Vorstellungen, Wünschen und Erwartungen, mit denen du deine Beziehungen belastest. Vielleicht hilft es dir, wenn du dich einmal in die Lage des anderen versetzt, der das Gefühl haben muss, dir (deinen Erwartungen) nicht zu genügen. Wie fühlt sich das an? Ist es nicht viel entspannter, einfach das anzunehmen, was so ist wie es ist - einschließlich dir selbst?

Ich fühle mich seit jeher depressiv und habe das Gefühl, ständig immer nur geben zu müssen. Ich bin unzufrieden und stets auf Funktionieren ausgerichtet. Ich habe keine Energie und alles ist eine Belastung. Wie komme ich da raus?

Dein Ego schaut durch die Manko-Brille und lässt dich glauben, zu Geben wäre etwas Anstrengendes und Freudloses. Es ist nämlich nur auf Nehmen ausgerichtet und will immerzu nur haben. Wenn es Geben soll verspürt es Verlust und es will sofort einen Ausgleich dafür haben; sei es in Sachwerten oder Worten des Lobes, der Anerkennung oder Bestätigung. Erfolgt dieser nicht, vergrößert sich das Mangelgefühl. So bleibt ein belastendes Gefühl des lieblosen, weil nicht gelobten Funktionierens zurück.

Es gibt nur einen Weg, wie du hier heraus kommst: durch die Veränderung deiner Einstellung zum Geben. Sobald du Dinge einfach nur des Geben willens tust oder gibst, sind sie „zwecklos", was bedeutet, dass du nichts vom Nehmer für dein Geben erwartest, kein Lob, keine Bestätigung, keinen Ausgleich. Auf eine solche Weise, also bedingungslos, zu geben, ist (Nächsten-)Liebe; alles andere ist es nicht. Das Warten auf einen Ausgleich deiner Leistung verschlingt deine Energie, nicht dein Tun für den anderen als solches. Deine Ausrichtung auf Bestätigung hält dich in „Hab-Acht-Stellung", weil du permanent beobachtest, wie bei den Nehmern dein Geben ankommt. Wenn du deine Sicht auf die anderen lenkst, während du parallel selbst in Handlung bist, funktionierst du quasi in zwei verschiedene Richtungen, was ziemlich anstrengend ist. Alles, was du auf diese Weise tust, kann daher nur lieblos geschehen, weil ohne Hingabe. Wenn du dabei Achtlosigkeit aussendest, kann sie zu dir zurück kommen, so dass du das Gefühl hast, dass niemand dein Tun schätzt. Die Menschen nehmen deine Freudlosigkeit wahr und wenn deine Stimmung auf sie übergeht, kippt die ganze Gesellschaft.

Wenn du beginnst, der „zwecklos" zu geben, wird sich deine Unzufriedenheit und Depressivität auflösen. Ehrliches Geben kann nur in Freude geschehen. Bist du nicht freudig, also freiwillig bei der Sache, solltest du nicht geben. Das ist nichts Schlechtes oder Negatives, denn alles, was nicht aus deiner inneren Freude geschieht, richtet sich gegen dich selbst, weil du in diesem Moment oder in dieser Handlung nicht mit dir in Übereinstimmung bist. Du handelst dann nicht kongruent, was bedeutet, dass dich selbst negative Gefühle der Unlust und Feindseligkeit in Form von Gedanken des Ausgenutztwerdens belasten. Es ist völlig legitim und keinesfalls unmoralisch, wenn du in manchen Situationen nicht Geben möchtest. Die einzige Moral, nach der du dich ausrichten solltest, kommt aus dem Inneren deines Wesens: Ist Freude da, dann soll es geschehen; ist sie nicht da, dann sollst du es nicht tun. Wenn sich anfangs in diesen „negativen Fällen" Schuldgefühle zeigen, so kannst du an ihnen erkennen, dass du zuvor einer „falschen" Moral (Konditionierung) gefolgt bist, die nichts mit dem zu tun hat, was du wirklich leben sollst.

Ich fühle Erfolgsdruck und habe Angst vor dem Scheitern. Ich kann mich nicht gut einschätzen. Bin ich zu streng mit mir selbst und habe zu hohe Erwartungen an mich?

Die Antwort ergibt sich aus deiner Frage: Weil du dich nicht gut einschätzen kannst, neigst du dazu, zu streng mit dir selbst zu sein, was sich in erhöhten Erwartungen ausdrückt. Dein permanentes Überfordern erzeugt Druck, der dich instabil macht, verunsichert und Angst vor dem Scheitern entstehen lässt. Deine Angst hat einen positiven Aspekt, denn sie macht dich auf deine Grenzen aufmerksam, die du scheinbar nicht spüren kannst. Wenn du die Hinweis-Funktion deiner Angst so verstehen und annehmen kannst, hat sie ihre Aufgabe erledigt und kann gehen. Die Angst wird unnötig, wenn du deine Selbstwahrnehmung trainierst und so beginnst zu erkennen, was für dich möglich und machbar ist. Es gilt also ein Gefühl für das richtige (gesunde) Maß zu entwickeln.

Nimm dir einmal ganz bewusst Zeit und notiere dir in Ruhe, welche Erwartungen du an dich selbst hast. Wenn du alle Lebensbereiche einbeziehst, wirst du herausfinden, dass die Auflistung kaum ein Ende nimmt. Mache dir dann die Freude und streiche dir deine Erwartungen auf die nur existenziell notwendigen zusammen und genieße die Erleichterung, die dabei entsteht. Im übrigen ist es so, dass du die Anzahl oder Höhe der Erwartungen, die du an dich selbst richtest, im gleichen Maße an dein Umfeld adressierst, was eine Hauptursache zwischenmenschlicher Konflikte darstellt. Die anderen werden es demnach dankbar spüren, wenn du entspannter mit dir selbst umgehst.

Wenn wir die Sache auf einer tieferen Ebene betrachten, stellt sich die Frage, was es mit deiner Strenge überhaupt auf sich hat. Es geht hier nicht darum, einen Schuldigen zu finden, weil schlussendlich die Ego-Konditionierung sowieso hinter allem zu finden ist. Vielmehr soll der Zweck deiner Strenge beleuchtet werden. Möchtest du jemandem imponieren und zeigen, was in dir steckt? Oder provozierst du Lob und Anerkennung, um dich wertiger zu fühlen? Vielleicht ist deine Strenge aber auch Ausdruck eines Verzichts oder Nicht-Zugestehens von Genuss? Empfindest du es als etwas Schlechtes oder Negatives, wenn du das Leben leichter nimmst und nicht so ehrgeizig bist? Richtet sich dein Leben tatsächlich nach deinen Werten oder folgst du Ansprüchen anderer? Wäre ein Scheitern wirklich das Ende der Welt? Wer bist du ohne Erfolg? Wenn du diese Person gefunden hast, bist du frei.

Ich habe Angst vor diesem negativen Gefühl, das immer wieder in mir hoch kommt - Angst, depressiv zu werden. Wie kann ich mich davon lösen und wieder frei sein?

Mache dir klar, dass du diesem negativen Gefühl nicht ausgeliefert bist. Hinterfrage, woher deine Angst kommt und was ihre Hintergründe sind. Wurdest du vielleicht in die Depression „hinein erzogen", weil eines deiner Elternteile depressiv war? Reagierst du mit deinem Schatten auf depressive Menschen und lässt dich in ihre negative Spirale hineinziehen? Oder ist es einfach so, dass du dich selbst überwiegend mit Negativem beschäftigst und dein Glas immer halb leer ist? Angst und Depression kann nur entstehen, wenn deine Gedanken darauf ausgerichtet sind.

Der Depressive steht im Widerstand zum Leben und kann nichts Gutes darin erkennen. Er badet im Selbstmitleid, weil alles beschwerlich, schlecht oder böse ist. Immer geht es den anderen besser, weil sie einfach mehr Glück haben – so zumindest denkt er. Wenn du die Depression mit klarem Blick betrachtest, dann bedeutet sie im Grunde Undankbarkeit, weil du nur das siehst was du nicht hast. Das ist eine recht brutale Aussage, aber dennoch ist sie wahr. Die Lösung liegt allein an dir, an deiner innerlichen, also gedanklichen Ausrichtung. Das bedeutet nicht, dass du dir jetzt die Dinge einfach nur schönreden sollst, wie dies gerne in entsprechenden Seminaren vermittelt wird; vielmehr geht es darum, dass du deinen Blick wendest und zwar hinein in das was dir an deinem Leben gefällt und wofür du dankbar sein kannst. Viel zu oft lässt du völlig unbewusst die Zeit verstreichen und spürst nicht, was das Leben dir eigentlich zu bieten hat.

Nimm dir einmal Zeit für dich und schreibe auf, was dir an deinem Leben gefällt. Lies dann Punkt für Punkt laut vor und bedanke dich für jedes einzelne Geschenk, das dir damit gegeben wurde. Notiere dir danach Dinge, mit denen du nicht zufrieden bist. Schaue dabei tief in deine negativen Gefühle. Untersuche dann jeden Punkt mit der Frage: Was an dieser Sache ist dennoch gut? Vermerke dies hinter der Aussage. Ist trotz ehrlicher, intensiver Befragung kein positiver Aspekt zu finden, so frage dich: Worauf könnte mich dieser Punkt eventuell hinweisen wollen? Und: Kann ich diese Sache verändern oder meine Einstellung dazu? Danke dann auch hier für jede einzelne Wahrheit, die du dabei entdecken durftest.

Du hast es selbst in der Hand, ob du dich positiv oder negativ ausrichtest. Wenn du bewusst mit deinen Gedanken umgehst und dich auf das besinnst, was dir Freude macht, ist es unmöglich, ängstlich oder depressiv zu werden. Die ultimative Lösung wäre allerdings die, dass du überhaupt nichts mehr bewertest und die Dinge annimmst, wie sie sind, weil sie so geschehen sollen.

Ich habe Verhaltensmuster, die sich trotz Therapien und aller möglichen Maßnahmen einfach nicht durchbrechen lassen. Was kann ich tun?

Dein Ego scheint in seinem vollen Umfang zu wirken. Es hat dich fest im Griff und lässt nicht zu, dass Veränderung in dein Leben tritt. Es möchte, dass alles so bleibt, wie es ist, weil es für sich einen Vorteil in diesen Verhaltensmustern erkennt. Es muss dabei viel auf dem Spiel stehen, wenn sie so hartnäckig verteidigt werden. Dein Ego macht sich durch das Ausleben dieser Muster extrem wichtig, was dem psychischen „Krankheitsgewinn" entspricht. Sprichst du dich gerne und oft bei anderen aus? Bekommst du so Aufmerksamkeit die ansonsten nicht da wäre? Macht dich das interessant? Gibt dir deine „Geschichte" einen Wert? Wer bist du ohne deine konditionierten Probleme? Du willst deine Muster nicht loslassen, weil du Angst vor deinem So-Sein hast, weil du befürchtest, es könnte zu wenig sein. Hab keine Angst davor, „Niemand" zu sein, denn „leer" zu sein bedeutet wahre Freiheit. Du bist auf einem heilsamen Weg, wenn du deine Frage verwandelst in: Was kann ich NICHT tun?

Lasse alles los; keine Therapien, keine Seminare, keine esoterischen Helfer, keine Gespräche mehr. Entziehe deinen Verhaltensmustern (Ego) deine Aufmerksamkeit. Beende deine Selbstbeobachtung und höre auf, dich wichtig zu nehmen. Schaue was dann bleibt; es ist das, was du wirklich bist - viel mehr, als dein Ego je sein kann.

Ich stehe ständig unter Druck und gehe streng mit mir um. Wie kann ich mehr Gelassenheit und Entspannung finden?

Du bringst mit dieser Frage zum Ausdruck, dass du das, was du tust und bist, bewertest. Diese Bewertung scheint nicht unbedingt positiv auszufallen, denn wärest du mit dir zufrieden, müsstest du nicht *streng sein*. Es ist relativ einfach, aus dem Druck (Ange*strengt*sein) heraus zu kommen: Lasse einfach das Bewerten sein. Wie fühlt es sich an, wenn du dir vorstellst, deine Arbeit zu verrichten ohne zu hinterfragen, einzuordnen oder zu kategorisieren? Wie ist es, wenn du einfach nur handelst, ohne dir weitere Gedanken darüber zu machen, ob das was du tust ausreicht (wem eigentlich?). Wenn du so agierst, die Dinge einfach laufen lässt, bist du im Fluss des Lebens. Das bedeutet, dass keine Widerstände mehr da sind, die dich viel Kraft kosten und durch Entspannung ausgeglichen werden müssen.

Ein weiterer Aspekt, weshalb dir Gelassenheit fehlt, ist, dass deine Ziele möglicherweise jenseits des Erreichbaren liegen. Du musst dich dann sehr anstrengen, um sie zu erlangen. Wenn sie zu hoch, zu groß, zu viele sind, brauchst du dich nicht wundern, wenn du in Druck kommst. Der Zeitrahmen, den du dir für deine Ziele setzt, spielt eine große Rolle, denn während du noch hier bist, versuchst du oft schon beim nächsten zu sein und eine stressige Distanz entsteht. Gibst du dir ausreichend Raum oder hechelst du einem eng gesetzten Zeitplan hinterher? Warum die Eile? Fehlt die Geduld oder schaust du nach anderen, die vermeintlich schneller sind als du? Setze deine Ziele auf ein gesundes Maß, gib dir mehr Zeit und lasse das Vergleichen sein. Es wird immer jemanden geben, der in einem Bereich besser ist als du und das darf und soll so sein. Du musst niemandem etwas beweisen, weder deinem Ego, noch einer Autorität aus deiner Vergangenheit. Bleibe im Rahmen deiner Möglichkeiten, jedoch ohne träge zu werden und lebe das, was du leben sollst - nicht mehr, aber auch nicht weniger.

Wie kann ich meine Angst vor dem Alleinsein überwinden?

Alleine zu sein bedeutet, dass du in diesem Moment ganz bei dir sein kannst, dass da niemand ist, der dich stört. Wenn so betrachtet das Alleinsein aus sich heraus keinen Grund für Angst bietet, kann es nur so sein, dass du ihm etwas Angstmachendes „unterstellst" und es damit negativ bewertest. Außerdem nimmst du den Moment des Alleinseins nicht an und gehst in den Widerstand, der sich per se nicht gut anfühlt. Schaue dir genau an, was da passiert, wenn du alleine bist: Welche Gedanken, Vorstellungen, Bilder und Gefühle entstehen? Sind da Befürchtungen und negative Überzeugungen? Wovon handeln sie? Hast du vielleicht das Gefühl, dein Leben nicht alleine meistern zu können und eine Person an deiner Seite zu brauchen? Wenn ja, wofür? Sind da Abhängigkeiten, ohne die du dir dein Leben nicht vorstellen kannst? Oder siehst du dich schon für den Rest deines Lebens alleine, weil du nicht liebenswert bist? Weshalb kannst du dich selbst nicht aushalten?

Du kommst nur aus der Angst vor dem Alleinsein heraus, wenn du dich ehrlich den Antworten dieser Fragen stellst. Notiere dir dann diese Aussagen und überprüfe sie auf ihren tatsächlichen Wahrheitsgehalt. Du wirst feststellen, dass sie auf falschen Überzeugungen beruhen. Wenn dir das klar wird, kannst du deine Einstellung zum Alleinsein leicht ändern, so dass sich dein Widerstand auflösen kann. So kommst du in den Genuss der Stille, die keine Angst kennt.

Ich fühle mich ständig getrieben und bin gerne selbst der Macher und Delegierer. Ich will noch etwas erleben und brauche immer wieder neue Projekte. Andererseits suche ich nach Sicherheit bei meinem Mann. Wie kann ich in Zufriedenheit kommen?

Dein Ego braucht ständig Neues womit es sich bestätigen kann. Es zieht einen fadenscheinigen Selbstwert aus seiner Chefrolle, der sich darin ausdrückt, anderen zu sagen was sie zu tun haben. Das Interesse am neuen Projekt besteht nur so lange bis es langweilig oder gar schwierig zu werden droht und die Lobeshymnen ausbleiben. Dann wird es schnell wieder abgestoßen und gegen ein neues ausgetauscht, weil es so (ohne Anerkennung) seinen Zweck verliert. Das ist in etwa mit dem Wunsch, sich immer wieder frisch verlieben zu wollen, zu vergleichen, weil du den „Alltag" einer Liebesbeziehung ohne ständigen „Kick" nicht aushältst.

Ich möchte dich einladen, folgende Fragen in dir wirken zu lassen: Wie fühlst du dich, wenn du nicht Chef bist, nichts zu delegieren hast und kein Projekt leitest? Wer bist du ohne deine Rolle? Was ist das, was unter all dem verborgen ist oder ist da überhaupt etwas? Fühlt sich das möglicherweise komisch an oder tauchen gar Angst, Unsicherheit oder ein unangenehmes Gefühl auf, wenn da nichts ist, womit du dich identifizieren kannst? Ist es das, was du fühlst, wenn du dich in den Phasen des Leerlaufs befindest? Und sind das dann die Momente, die dich in die Arme deines Mannes treiben? Fühlst du dort dann die Sicherheit, die du in der Leere verloren hast? Bist du in solchen Momenten sogar dankbar für das was dir geblieben ist? Wenn du wirklich stabile Zufriedenheit suchst, dann steht dir folgender Weg offen:

Halte an, sei still, spüre in deine Angst und Unsicherheit hinein; fühle wie es ist, „ohne Rolle" zu sein und halte alles aus, was im Moment des Stillstands in dir erscheint. Verzichte auch auf das Anlehnen an deinen Mann, weil dich diese Abhängigkeit davon abbringt zum (schmerzhaften) Kern deines Getriebenseins vorzustoßen. Im Grunde ist es genau das wovor du die ganze Zeit flüchtest. Doch weil du flüchtest, holt es dich immer wieder ein. Wenn du dich nicht mehr so wichtig nimmst, erkennst du, dass du weder etwas leisten oder jemanden bevormunden musst, noch einen äußeren Status brauchst, um das zu sein, was du bist. Und dieses „Nichts-Brauchen" ist das Ankommen bei dir selbst, das Annehmen, das dich vom getriebenen „Chef-Jemand" zum zufriedenen Niemand macht, der sich seiner selbst bewusst ist.

Ich stehe zwischen zwei Frauen und meine Entscheidungsfreudigkeit lässt mich im Stich. Wie kann ich diesen Zustand beenden?

Nun ja, ganz klar damit, dass du eine Entscheidung triffst. Sobald du dich entschieden hast, ist der Konflikt beendet, sofern du nicht nachhakst und dich fragst, ob die Entscheidung richtig ist. Vermutlich tust du genau dies und drehst dich deshalb im Kreis, weil du Angst vor einer falschen Entscheidung hast. Außerdem bist du nicht bereit, die jeweilige „Kehrseite der Medaille" anzunehmen; denn wie jeder Mensch, so werden auch die beiden Damen für dich positive und negative Aspekte mit in die Beziehung bringen. Du hättest aber gerne nur die Positiven und willst darüber hinaus auf die Annehmlichkeit der jeweils anderen nicht verzichten. Doch ohne Verzicht kann es keine Entscheidung geben bzw. eine Entscheidung bedingt immer einen Verzicht für die andere Seite. Wenn du die Sache allerdings lange genug aussitzt, kann dir die Entscheidung auch abgenommen werden, weil eine der beiden Damen die Rote Karte zückt. Der Verzicht jedoch bleibt und kommt so oder so auf jeden Fall auf dich zu.

Kurz zu beleuchten ist noch der Aspekt, dass der Zustand auch deshalb bereits so lange anhält, weil alle Beteiligten sich das Thema „Inkonsequenz" spiegeln. Wenn du verstehst, worum es hier eigentlich geht, kann dieser Zustand enden.

Ich habe mein Studium ziemlich ausgereizt und stagniere nicht zum ersten Mal. Ich habe bereits eine Therapie hinter mir und war auch für eine Zeitlang in einem stationären Aufenthalt, weil absolut nichts mehr ging. Es fiel mir von Anfang an schwer, mich im Studium selbst zu oganisieren, während ich bis zu meiner Abi-Zeit immer der Coole war. Wie kann ich hier rauskommen?

Die Kindheit kann manchmal abrupt enden, wenn es notwendig ist. Der Übergang in die Erwachsenenwelt ist nicht immer einfach, wenn man nicht darauf vorbereitet wurde. Erwachsensein verlangt einen realistischen Überblick, aus der sich eine entsprechende Orientierung gestaltet. Für dich war der Schritt gefühlt wohl zu früh, zu groß oder zu schnell. Du bist als der Coole in die Uni eingetreten und wirst (so wünsche ich dir) als Realist aus ihr austreten. Wahrscheinlich hat dir das Leben deinen Übergang deshalb nicht leicht gemacht, weil du ohne Blessuren dein überzogenes Selbstbild nicht hättest korrigieren können. Was dir im Studium über den Weg gelaufen ist, ist einfach nur die Wahrheit. Da sind auf einmal Leute, die noch cooler sind als du und dich so von deinem Sockel stoßen und dir damit zeigen, wo du wirklich stehst. Weil du den Vergleich mit „Besseren" nicht ausgehalten hast, bist du vor den Klausuren geflüchtet. Dein Widerstand zementierte sich mit jedem weiteren Ausfall zur absoluten Blockade, was schließlich eine stationäre Aufnahme notwendig machte. Aber auch dieser Klinikaufenthalt war schlussendlich wieder eine Flucht vor der bösen Welt, die dir lediglich spiegelt, wer du bist. Die Wahrheit ist, dass dein Ego in seinem Stolz verletzt und dein „Selbst-Wert" korrigiert wurde.

Nimm dein So-Sein an und fahre deine Geschütze zurück. Lasse deinen Widerstand los und stürze dich in die letzten Klausuren deines Studiums. Auch wenn es dir im Moment vielleicht schwer fällt einen Nutzen darin zu sehen, solltest du dein angeschlagenes Ego nicht bestärken, indem du dir Sinnlosigkeit vorgaukeln lässt. Der Abbruch des Studiums kurz vor Schluss würde deinem Ego Recht geben, das dir einreden will, nicht gut genug zu sein. Nimm diese Hürde, stelle dich dieser Herausforderung und zeige, dass du erwachsen bist. Tu was du kannst, um alle Anforderungen zu erfüllen, ohne jetzt nach einem Sinn zu fragen. Dieser wird sich herausstellen, wenn du das Examen in der Tasche hast. Das Beenden des Studiums bedeutet nicht, dass du auf Gedeih' und Verderb in einen entsprechenden Beruf gehen musst; es bedeutet lediglich, dass du dadurch die Wahl hast, es zu können, wenn du es willst. Diesen Schritt in die Erwachsenenwelt nicht zu tun, würde bedeuten, dass du ewig Kind bleibst. Du bist dann zwar niemals Schuld (nicht verantwortlich), wirst aber auch nicht ernst genommen. Du bist dann in der Opferrolle gefangen und projizierst deine Unfähigkeit auf andere, was Konflikte mit deinen Mitmenschen vorprogrammiert. Wenn du diesen einen Schritt tust, bist du echt cool.

(Ich kann nicht anders und muss es an dieser Stelle schreiben, weil es so wunderbar ist: Der Betroffene hat sein Studium mit Bestnote abgeschlossen. Ich bin dankbar.)

Ich möchte den Kreislauf "Fremdgehen - kurze Beziehungen - falsche Frauen" endlich durchbrechen. Kann meiner negativen Haltung vielleicht eine Depression zugrunde liegen. Was ist Liebe?

Liebe ist offensichtlich nicht das, was du bisher in deinen Beziehungen lebst, denn sonst würden sie wohl anders verlaufen. Schauen wir uns die drei Schlagworte deiner Beschreibung näher an. Was bedeutet Fremdgehen? Anscheinend ist eine Frau für dich nicht ausreichend. Sie kann dein Bedürfnis als einzige Partnerin an deiner Seite nicht erfüllen. Welches Bedürfnis ist das? Wovon gibt sie dir vielleicht zu wenig? Anerkennung, Aufmerksamkeit, Zuspruch, Anpassung, Rückhalt, Sicherheit, Geborgenheit, Liebe, Sex? Schau dir genau an, worum es hier geht. Welche Erwartungen stellst du an deine Partnerin? Wahrscheinlich sind sie so hoch und so viele, dass eine Frau alleine sie unmöglich erfüllen kann. Die Damen werden irgendwann ausgebrannt sein, was die offensichtliche Kürze deiner Liaisons bestätigt.

Oder ist es so, dass du in deinen Affären nicht über die Verliebtheitsphase hinaus kommst, in der bekanntlich nicht die Realität gelebt wird, sondern eine Illusion (weil hier lediglich die „guten Seiten" des neuen Partners durch die rosarote Brille wahrgenommen werden können, während die Schattenseiten der Persönlichkeit verdeckt bleiben)? Gibst du auf, wenn die Leichtigkeit der Verliebtheitsphase ihrem Ende zugeht und die Ernüchterung das Neue und Aufregende verdrängt und die Sache anfängt „normal" oder gar anstrengend zu werden oder Komplimente ausbleiben? Bist du überhaupt bereit, eine Beziehung einzugehen, die Verantwortung und Einsatz von dir verlangt? Willst du wirklich *dich* geben oder nur ein Bild von dir? Wenn nicht, dann kann deine Beziehung in letzter Konsequenz nicht lange dauern, weil die Basis fehlt.

Zu den „falschen" Frauen sei bemerkt: Es können nur die Frauen in dein Leben kommen, die du anziehst; sie empfangen quasi dein Senden und reagieren darauf. Von daher können sie gar nicht falsch für dich sein. Falsch ist nur das, was du über dich selbst denkst. Diese Frauen bzw. der Verlauf deiner Affären mit diesen Frauen will dir lediglich zeigen wer du bist. Die Beziehungen laufen so lange nach diesem immer gleichen Drehbuch ab, so lange du diesen Spiegel nicht erkennst. Wenn du dich ehrlich anschaust, entdeckst du vielleicht deinen Narzissmus, den du mit Liebe verwechselst. Diese Selbstsucht unter dem Mantel einer Depression zu verstecken, ist nur ein weiterer Versuch, dich deiner Selbstverantwortung nicht stellen zu müssen. Werde dir selbst gegenüber wahrhaftig, verlasse deine Opferrolle und erkläre die anderen nicht weiter für schuldig. Sei bereit von Herzen zu geben (unter Verzicht auf das Nehmen) und die Liebe wird zu dir kommen, dauerhaft.

Wenn ich mit andern zu tun habe, verstehe ich manchmal nicht, was die von mir wollen und was ich tun oder sagen kann, um deren Erwartungen zu erfüllen. Wie bekomme ich mehr Sicherheit?

Du suchst nach Sicherheit, um besser einordnen zu können, was andere von dir wollen? Aber warum denn so kompliziert? Warum fragst du sie nicht direkt was sie möchten und verschaffst dir so eindeutige Klarheit? Es wäre der schnellste und einfachste Weg in die gesuchte Sicherheit. Ist es möglich, dass es dir Probleme bereitet, beim andern nachzuhaken und um Klärung zu bitten? Was ist schwierig daran? Es handelt sich nur um die einfache Frage „Wie hast du das gemeint, kannst du mir das bitte (noch mal) erklären?" oder „Was genau willst du von mir?". Wenn du dich scheust, diese Fragen zu stellen, kann das zwei Hintergründe haben: Erstens, du traust dich nicht, weil du Angst hast, dass du den anderen stören könntest und er ärgerlich auf dich wird (vor allem dann, wenn du bereits zum zweiten Mal nachfragst) oder/und zweitens, du befürchtest, der andere könnte dich für dumm halten, also eine schlechte Meinung von dir und den Eindruck fehlender Kompetenz haben.

Hier scheint ein ungelöster Komplex in dir zu existieren, der dich verunsichert. Da ist eine kindliche Angst vor Autorität, die du aus deinem Erinnerungsspeicher löschen kannst, indem du den erwachsenen Menschen in dir anerkennst. Mit dem Bemühtsein, die Erwartungen anderer zu erfüllen, hebst du diese automatisch eine Ebene über dich und machst dich im Umkehrschluss zum underdog. Mit deinem „Recht-Machen-Wollen" agierst du einen kindlichen Wunsch nach Anerkennung und Geliebt-Werden aus, während du durch deine erwachsene Leistung ernst genommen und als kompetent wahrgenommen werden möchtest. Darin ist ein gewisser Widerspruch, der manchmal vielleicht Trotzreaktionen provoziert. Du bleibst so lange auf der Kindebene hängen, so lange du dich durch das Erfüllen von Erwartungen vom Lob oder Urteil anderer abhängig machst.

Verlasse die kindliche Opferrolle und gehe in die erwachsene Selbstverantwortung und erkenne, dass es nicht darum geht, was der andere in dir sieht, sondern was du im anderen siehst. Wechsle deine Perspektive von innen nach außen und nicht von außen nach innen. Die Erwartungen anderer können dir gleichgültig sein, denn dafür sind nur sie selbst verantwortlich. Deren Erwartungen haben mit dir nichts zu tun. Du hast dich um deine eigenen zu kümmern; darin liegt wiederum deine Verantwortung. Je mehr du bei dir selbst bleibst, desto mehr wächst dein Gespür für dich und das, was du in diesem Leben zum Ausdruck bringen möchtest. Deine Unsicherheit beruht nämlich nicht auf dem Unwissen einer Sache, sondern auf der Unkenntnis deiner selbst. Deine eigenen Belange sind dir fremd, weil du fortlaufend damit beschäftigt bist, dich am anderen zu orientieren. So hast du dich in der Vergangenheit mehr und mehr von dir entfernt (oder warst vielleicht noch nie wirklich in dir), während jedoch ausschließlich in deinem Selbst deine Sicherheit liegt. Bleibe also bei dir, in deinem Selbst und lasse dem anderen das seine.

Ich bin seit Wochen angeschlagen und habe Angst um meine Gesundheit. Mit zwei Kindern, für die ich immer das Beste suche, bin ich fast voll berufstätig. Ich bin unzufrieden mit unserer Wohnlage und meine Ehe ist an der Grenze. Meine jüngere Tochter ist extrem herausfordernd. Wie kann ich mehr in mir ruhen und ausgeglichener werden?

Du kommst am schnellsten in deine Mitte, wenn du alles annimmst wie es ist. Und genau damit hast du offensichtlich große Probleme: Das Gute ist für deine Kinder nicht gut genug, weil es nicht das Beste ist. Dein Haus ist nicht gut genug, weil seine Lage dich daran hindert, die Dinge noch besser zu gestalten. Deine Ehe ist nicht gut genug, weil sie durch deine Unzufriedenheit belastet ist. Um dir deine eigenen überzogenen Vorstellungen und Forderungen bewusst zu machen, wurde dir deine Tochter geschickt, die dir mit ihrem herausfordernden Verhalten dein eigenes Handeln spiegelt. Das ist ein Glück, denn sie bringt dich an den Punkt, der dich aufgeben und deinen Körper mit Krankheit reagieren lässt. Dieses Signal fordert dich auf, deine überzogenen Ideale loszulassen und dich darauf zu besinnen, wie viel *weniger* notwendig ist, um ein ausgeglichenes Leben führen zu können.

Das Annehmen was ist und mit den Dingen zufrieden zu sein wie sie sind, bedeutet nicht, dass du sie nicht ändern dürftest. So lange die Sache noch erträglich ist, ist nicht unbedingt ein Aussteigen angesagt, sondern ein Akzeptieren dessen was ist oder ein Optimieren der Situation. Ist jedoch deine Lage für dich absolut unerträglich, so ist dies ein Hinweis dafür, dass Veränderung wohl notwendig ist. Betrachte in Ruhe Thema für Thema. Was ist für deine Kinder ausreichend, damit sie sich wohl fühlen und gleichfalls gefördert werden? Wo sind überflüssige Belastungen, die du aus ihrem und deinem Leben räumen kannst? Welchen Vorteil bringt deine momentane Wohnsituation und hast du deinem Umfeld überhaupt eine echte Chance gegeben? Wenn dein Beruf zuviel Kraft und Zeit bindet, überprüfe, ob du verkürzen kannst. Was deine Ehe anbetrifft, so versuche mit deinem Mann eine neue und respektvolle Basis zu finden, auf der die Liebe wieder entstehen kann, wenn sie noch da ist.

Wenn du versuchst darauf zu vertrauen, dass das zu dir kommt, was für dich bestimmt ist, dann kannst du deine Kontrolle leichter loslassen. Deine Kraft kommt zurück, Gelassenheit und Harmonie entstehen von alleine, wenn du dich nicht mehr so sehr ins Leben einmischst.

Meine Mutter hat früher alles organisiert. Ich habe schon als Kind versucht auszubrechen, habe bei Fehlern gelogen, bei Kritik trotzig reagiert und Widerstand geübt. Ich merke in meiner jetzigen Lebenssituation mit Frau und kleinem Kind, dass ich überfordert bin. Wie kann ich selbstsicher und gelassen sein?

Möglicherweise hast du in deiner Kindheit gelernt, dass nur dann alles gut ist, wenn du dich fügst und zwar den Anweisungen deiner Mutter. Mit deinem Lügen hast du versucht dich vor Rüge und Kritik zu drücken und gabst vor, so gehandelt zu haben, wie es dem Ideal deiner Mutter entsprach. Innerlich hast du Widerstand geübt, während du dich äußerlich nicht trautest, zur (für die Mutter unrühmlichen) Wahrheit zu stehen. Diesen Widerstand bzw. dieses kindliche (Angst-vor-Strafe-weil-falsch-gemacht-)Verhalten hast du in dein Erwachsenenleben transferiert und es kommt bei allen (vermeintlichen) Autoritäten, denen du begegnest, zum Ausdruck. Da ist die trotzige Reaktion eines Kindes, das nicht einsehen möchte, dass es etwas falsch gemacht hat, im Sinne von nicht so wie es vorgeschrieben oder gewünscht war. Dieses kindliche Muster wurde nicht aufgelöst, weil du nicht gelernt hast, für deine eigenen Vorstellungen, Werte und Ideale einzustehen und mutig ohne Lüge „nein" zu sagen. Von daher ist es kein Wunder, dass dich die erwachsene Rolle des Vaters überfordert, verlangt sie doch von dir, mit gutem Beispiel voranzugehen, was u.a. bedeutet, mit einer gewissen Nonchalance eigene Fehler und Schwächen eingestehen zu können. Das Leben fordert offensichtlich jetzt von dir, zu dir selbst zu stehen, damit auch dein Kind Selbstvertrauen lernt. Dazu ist es notwendig, dass du deine eigenen Werte überhaupt erst einmal kennen lernst, um sie vertreten zu können und zu ihnen zu stehen. Die Vater-Rolle trägt zwar eine gewisse Autorität in sich, bedeutet jedoch nicht, das Kind in die eigenen Werte zu zwingen, sondern ihm die Freiheit zu lassen, seine eigenen finden zu dürfen. Im Grunde bietet dir das Leben jetzt durch deine Vaterschaft die Chance, dich selbst zu heilen, denn all das was du deinem Sohn jetzt an Selbstvertrauen mitgibst, indem du ihn in seinem So-Sein vollständig annimmst, gilt für dich selbst. Gehe Hand in Hand mit deinem Kind, wachse an ihm und lasse es durch dich wachsen.

Die Angst begleitet mich seit meiner Kindheit. Durch verschiedene Therapien weiß ich, dass meine Ansprüche hoch sind und dass ich mich selbst nicht annehme wie ich bin. Die Frage "Schaffe ich das heute?" und die Angst, dass ich durchdrehen könnte, quälen micht jeden Morgen. Wie kann ich mich stabilisieren?

Du kannst Selbstannahme nicht erzwingen; sie geschieht von alleine, wenn du den Widerstand gegen dich selbst und gegen die Dinge, wie sie sind, aufgibst. Dein Ego ist deshalb im Widerstand, weil es eine Idee von dir hat, die du nicht bist. Es redet dir ein, dass du so, wie du bist, nicht richtig bist oder nicht genügst. Es arbeitet mit Vorstellungen und Wünschen, die an deiner natürlichen Anlage vorbei zielen, weshalb du sie scheinbar nicht befriedigend erfüllen kannst. Daraus erwächst dann dein Gefühl zu versagen oder die Dinge nicht gut genug zu machen. Wenn du dich mangelhaft fühlst und im „Versagensmodus" lebst kann die Folge nur Vertrauensverlust sein. Dass daraus dann die angstvolle Überzeugung entsteht, dass du das, was im Heute auf dich zukommt nicht bewältigen kannst, ist logisch. Die Angst vor dem Durchdrehen ist die Angst vor dem Kontrollverlust, der aus der Überforderung entsteht.

Nun hast du all dies bereits in deinen Therapien erkannt. Doch weshalb konntest du dein Problem bisher nicht wirklich lösen? Warum hast du deine Ansprüche an dich selbst noch nicht auf ein erreichbares Maß herabgesenkt, damit du dich über die dadurch eintretenden Erfolge freuen kannst? Da muss sich zwangsläufig die Frage auftun, ob deine Situation einen Vorteil für sich haben kann. Dein Ego wehrt sich offensichtlich gegen eine lösende Veränderung oder ein demütiges Akzeptieren. Welchen Nutzen hat deine Angst? Welchen Profit trägt dein Problem in sich?

Lasse diese Fragen einmal intensiv in dir wirken, halte das (unangenehme) Gefühl aus und stelle dich den ehrlichen Antworten. Deine Angst muss einen Vorteil ausleben, denn wäre es nicht so, hättest du bereits agiert und wärest frei. Bekommst du in deiner Opferrolle Aufmerksamkeit von deinem Umfeld, die du genießt oder die dich in irgendeiner Weise aufwertet? Bietet dir deine Angst eine Ausrede, wenn etwas nicht ganz so läuft, wie du es dir vorgestellt hast?

Weshalb kannst du deine überhöhten Ansprüche nicht deinem So-Sein anpassen?

Entdecke die Ursachen, schaue der Wahrheit ins Gesicht und bringe Bewusstsein in deine Gedanken. Dann treffe die absolute Entscheidung, dass du *jetzt* diese ganze Angelegenheit loslässt. Du hast alles gesehen, es gibt nichts mehr zu tun (keine Therapien mehr) außer dich von diesem Komplex zu verabschieden. Bleibe dann eisern bei deiner Entscheidung und entziehe deinem Ego jede Nahrung, indem du konsequent nicht mehr auf die „alten" Gedanken eingehst. Lege dir einen neuen „Aufwachgedanken" zurecht, zum Beispiel „Ein neuer frischer Tag beginnt" oder „Ich freue mich auf diesen neuen Tag" oder „Alles was dieser Tag bringt ist (in irgendeiner Weise) gut für mich" etc. Alles was geschieht ist dir nützlich; es gibt nichts, was anders sein soll, als es ist.

Wenn ich mich in größeren sozialen Gruppen befinde, ziehe ich mich zurück und bin nicht in der Lage, an den Gesprächen teilzunehmen. Wie kann ich das ändern?

Wie jeder Mensch, so funktionierst auch du nach deinen Konditionierungen. Das bedeutet, dass du innerlich auf Überzeugungen programmiert bist, die ihren Ursprung in deiner Kindheit haben. Sich diese Überzeugungen anzuschauen und auf Stimmigkeit zu überprüfen, ist Aufgabe des erwachsenen Menschen, der nur dann selbstverantwortlich handeln kann, wenn er sich seiner (Handlungen) selbst bewusst ist. Scheinbar gehört es zum Menschsein, dass du zuerst mit solchen Glaubenssätzen ausgestattet wirst (was im Grunde die Herausbildung des Egos ist), um dich dann im Sinne eines Reifungs- oder Transformationsprozesses wieder von ihnen zu befreien.

Für dein Thema würde das praktisch so aussehen: Wenn du dich das nächste Mal in einer Gruppe befindest, versuche innerlich ein wenig in die Distanz zu gehen, um das, was in dir vorgeht, aus einer neutralen Position aus beobachten zu können. (Du kannst das natürlich auch „nur" in deiner Vorstellung üben). Sei mit deiner Aufmerksamkeit also nicht bei den anderen, sondern richte deine Wahrnehmung ausschließlich auf deine eigenen Gefühle und verfolge diese zurück zu den Gedanken, aus denen sie entspringen. Bleibe ganz bei dir und untersuche einen Gedanken nach dem anderen. Vielleicht stellst du dabei fest, dass sie dir sagen, dass du unwichtig bist und dass keiner der andern sich für dich interessiert. Möglicherweise sagen sie dir auch, dass du zu dumm bist, um an der Unterhaltung mithalten zu können. Oder sie reden dir ein, die anderen seien besser als du. Überprüfe diese Gedanken (die du aufschreiben kannst) dann auf ihren Wahrheitsgehalt. Stimmt es, dass du dumm oder uninteressant bist? Ist es wahr, dass du langweilig bist und dass die anderen mehr wissen als du? Wenn es nicht stimmt, dann überzeuge dich selbst durch deine neu erkannte Wahrheit.

Wenn du bei dieser Überprüfung allerdings feststellst, dass du tatsächlich kaum Interessen hast und dich deshalb nur in wenigen Dingen auskennst und mitreden kannst, so kann dich niemand davon abhalten, Neues zu lernen und deinen Horizont zu erweitern. Wenn du das jedoch nicht möchtest, weil es dir vielleicht zu anstrengend ist, dann musst du deine Interesselosigkeit so annehmen wie sie ist. Das ist völlig in Ordnung, denn entscheidend bei allem ist nur, dass du *bewusst* zu dir und deinem So-Sein stehst, ohne dich anders haben zu wollen. Nur so kann es dir tatsächlich egal sein, wenn in der Runde Themen besprochen werden, zu denen du nichts beitragen kannst. Wenn du dir dessen bewusst bist und das deine Wahl ist, gibt es keinen Grund mehr für einen Rückzug, denn der Rückzugsgedanke drängt sich nur so lange auf, so lange du nicht zu dir selbst stehst.

Es kann allerdings auch sein, dass die Sache völlig anders aussieht: Vielleicht passt es dir nicht, wenn andere Leute im Mittelpunkt stehen oder du fühlst dich überlegen und dir sind die Gespräche langweilig. Doch auch hier musst du auf die Wahrheit hinter deinen Gedanken blicken, die vielleicht auf Neid, Überheblichkeit oder Abwertung hinweisen könnte.

Ich habe Torschlusspanik und spüre Verzweiflung, weil in meinem Umfeld alle heiraten und Kinder bekommen. Ich bemitleide mich selbst, spüre aber andererseits einer Beziehung gegenüber Widerstand. Was stimmt hier nicht?

Das was hier nicht stimmt, ist dein innerer Konflikt des Wollens und Nicht-Wollens. Der Teil in dir, der keine Beziehung will, will auf die Freiheit, die die Beziehungslosigkeit ihm schenkt, nicht verzichten. Dein Selbstmitleid ist fadenscheinig und soll diese Wahrheit verdecken. Fast scheint es, als trüge dein Umfeld die Schuld daran, dass du dich nun im Zwiespalt befindest, weil es dir dieses „andere Bild" (Beziehung/Familie) zeigt, welches deine Vorstellung von Freiheit in Frage stellt und dich so ins Ungleichgewicht bringt. Untersuche genau, wogegen dein Widerstand sich richtet. Was gefällt dir an einer Beziehung nicht, welche Vorstellung hast du überhaupt von ihr? Was wurde oder wird dir in dieser Hinsicht vorgelebt? Welches Gefühl stellt sich ein, wenn du an eine Beziehung denkst? Geht es um den Verlust von Freiheit oder um Angst vor einer neuen Verantwortung oder fällt es dir schwer, Kompromisse zu leben? Spürst du Unsicherheiten vor dem anderen Geschlecht, vor den Forderungen, die möglicherweise an dich gestellt werden könnten?

Reifung bedeutet Hürden zu nehmen und Komfortzonen zu verlassen. Das Leben vollzieht sich immer wieder ins Unbekannte hinein. Wenn du das Leben nicht „ausprobierst", dich seinen Herausforderungen nicht stellst, blockierst du seinen natürlich Fluss. Wenn du das Gefühl hast, dass da Angst vor einem möglichen Versagen ist, dann mache die Sache nicht so groß, indem du dich selbst nicht so wichtig nimmst. Versagen kannst du nur dann, wenn du dir Fehler und Schwächen nicht zugestehst bzw. sie als Versagen bewertest. Im Grunde ist Versagen lediglich ein Korrektiv das auf dein So-Sein verweist. Nimm es wertfrei in Kauf und siehe es als Hinweis, der dir zeigt, worin dein Talent und deine Stärke wirklich liegen. Wenn du allerdings aus dir heraus im Gleichgewicht zwischen Können und Nicht-Können lebst, wenn du deine Schwächen willkommen heißt und wertfrei als Ausdruck deiner selbst annimmst, wirst du das Versagen als „Lernprogramm" nicht mehr brauchen.

Ich habe das Gefühl für alles zuständig zu sein, es jedem Recht machen und bei Streit schlichten zu müssen. Außerdem ordne ich mich immer des lieben Friedens willen unter. Warum tue ich das?

Die Antwort hast du dir bereits selbst gegeben: weil du möchtest, dass Ruhe und Frieden herrscht. Dafür ordnest du dich unter und weichst so Konflikten aus bzw. deren Lösung. Dein Gefühl des Zuständigseins entsteht möglicherweise aus dem Glauben, du müsstest dich positionieren. Mit dieser Einstellung kann es geschehen, dass du dich in die Belange der anderen einmischst, was die ganze Angelegenheit intensivieren kann. Selbst wenn du dabei gute Absichten hegst, kann es sein, dass dein Handeln auf der Überzeugung beruht, du wüsstest, was das Beste für alle ist. Auch könnte es sein, dass du deshalb versuchst die Konflikte der anderen zu schlichten, weil *du* den Streit nicht aushalten kannst. Es geht dann dabei im Grunde nicht um die Lösung des Konflikts, sondern um die Durchsetzung deines Wunsches nach Ruhe, dem auch deine eigene Unterordnung dient.

Die Wahrscheinlichkeit, dass Konfliktpotentiale auf diese Weise weiter unter den Teppich gekehrt werden, ist hoch; die Konsequenz ist, dass sie dann immer wieder ausbrechen müssen. Somit erreichst du mit deinem Einmischen leider genau das Gegenteil von dem, was du dir wünschst, nämlich Unfrieden. Dein Wunsch ist sehr verständlich und sicher ein Ideal, das es Wert ist, daran zu arbeiten, jedoch nicht auf diesem Weg. Durch dein Beruhigen der Streit-Situation können die Konflikte nicht ausgelebt werden und das ans Tageslicht bringen was dem Ganzen zugrunde liegt. Wenn du dich nicht aus der Schusslinie nimmst, versagst du den Kontrahenten die Möglichkeit, sich Luft zumachen und sich zu reiben und damit Lösungsorientierung zu üben. Wenn sie ihren Aggressionen nicht freien Lauf lassen dürfen, können sie nicht an die Ursache ihrer Gefühle kommen. Die Folge ist, dass diese unterdrückten (negativen) Emotionen sich verstärken, was zu Affekthandlungen führen kann. Lasse deinen Mitmenschen die Möglichkeit zu lernen, ihre Konflikte nachhaltig selbst zu lösen. So lange es nicht dein eigener Streit ist, hast du jederzeit die Möglichkeit, die Situation zu verlassen. Genieße deine Ruhe, während andere streiten und lasse geschehen, was geschehen soll.

Wie komme ich mit Vorwürfen klar? Gibt es eine Lösung für/gegen eine vorwurfsvolle Haltung?

Wie ist deine Einstellung zu Vorwürfen? Als was siehst du sie? Wären sie etwas Positives oder Neutrales für dich, müsstest du nicht mit ihnen klar kommen; da ist Widerstand zu spüren. Gewöhnlich haben Vorwürfe tatsächlich den Geschmack von Schuldzuweisung; ein strafender Fingerzeig für etwas, was du vermeintlich falsch gemacht hast, zumindest aus der Sicht deines Gegenübers. Im Moment des Vorwurfs richtet der andere über dich. Da du auf dieses Gerichtet-Werden reagierst, also damit in Resonanz gehst, könnte es sein, dass auch du selbst wertest und richtest. Das bedeutet, dass der andere eine Spiegelfunktion für dich ausübt, die dich am eigenen Leib spüren lässt, wie sich Schuldzuweisungen, Werten und Richten anfühlen, wenn du selbst das Opfer bist. Wenn du alles Persönliche (beleidigtes Ego) aus dem Vorwurf heraus nimmst und nur den „nackten" Hinweis anschaust, kommst du in eine Neutralität, die es dir leichter macht, die Wahrheit dahinter zu entdecken. Niemand mag gerne kritisiert werden, das ist natürlich. Und doch ist Kritik, die ja im Vorwurf steckt, der eigenen Reifung nützlicher als jedes Lob.

Falls du selbst anderen gegenüber eine vorwurfsvolle Haltung zeigst, bedeutet das, dass du Erwartungen an sie richtest. Du machst ihnen Vorwürfe, weil sie nicht so funktionieren, wie du das gerne hättest, was auf Dominanz und Kontrolle schließen lässt. Was geschieht denn, wenn es nicht so läuft, wie du es gerne hättest? Gestehst du wirklich anderen Menschen das Recht zu, Dinge so zu gestalten, wie sie es sich selbst vorstellen? Bist du beleidigt, wenn sie es anders machen, als du ihnen vorgeschlagen hast? Kannst du selbst wirklich ohne Vorwurf sein?

Ich habe das Gefühl, "egal was ich mache, es ist falsch". Wie kann ich mich davon befreien?

Es ist offensichtlich, dass du das, was du tust, bewertest und dies (automatisch und unbewusst) mit dem, was andere tun, in den Vergleich setzt. Wenn du Vergleich und Bewertung fallen lässt, bist du frei von jedem Urteil über Richtig und Falsch. Dies gilt nicht nur für die Bewertung deiner selbst, sondern natürlich auch für die der anderen. Das ist die eine Seite. Die andere scheint darauf hinzuweisen, dass du der Überzeugung bist, dass du nichts wirklich richtig machen kannst, weil du selbst wohl grundsätzlich falsch bist. Wenn du glaubst falsch zu sein, dann kann ergo auch nichts „Richtiges" aus dir heraus entstehen. Wer ist das, der dir sagt, dass du falsch, nicht richtig oder schlecht bist? Bist du (Ego) das selbst oder gibt es noch jemanden außer dir, der dein Handeln und Tun bewertet und nach dessen Meinung du dich richtest? Bist du ein freier, erwachsener Mensch, der keiner weiteren Autorität Rechenschaft über sich abgeben muss oder ist da das Kind in dir, das noch Autoritäten und gesellschaftliche Normen über sich bestimmen lässt?

Was auch immer andere tun, welche Leistung sie auch immer erbringen und welches Leben sie auch immer leben, es hat mit dir und dem, was du tust und bist, nichts zu tun. Du lebst das aus dir heraus, was aus dir entstehen will und daran ist nichts falsch oder richtig – es ist einfach so wie es ist. Punkt! Versuche, für dich Neutralität zu finden, auch wenn diese Welt bipolar funktioniert.

Mich plagen Schuldgefühle meinem Ex-Mann gegenüber. Ich habe mich wegen eines anderen Mannes von ihm getrennt, was mich nicht wirklich glücklicher gemacht hat. Ich konnte und kann meinen Ex-Mann bis heute nicht loslassen, weil er immer für mich da war. Wie schaffe ich das?

Du bist deinen Schuldgefühlen nicht wirklich auf den Grund gegangen, denn wäre das geschehen, dann gäbe es sie nicht mehr. Frage dich also, was die Schuldgefühle zum Inhalt haben bzw. wodurch du dich schuldig gemacht haben könntest. Oberflächlich betrachtet scheinst du deshalb ein schlechtes Gewissen zu haben, weil du dich von deinem Ex-Mann getrennt hast und er nun leidet, weil deine Entscheidung auf einen anderen Mann fiel. Wahrscheinlich hast du deinen Ex-Mann auch eine Zeitlang belogen und ein doppeltes Spiel gespielt. Das mag moralisch unschön sein und es steht dir frei, dich dafür bei deinem Ex-Mann zu entschuldigen. Wenn du zur Wahrheit stehst und deine Unehrlichkeit beendest, können sich deine (so gesehen berechtigten) Schuldgefühle auflösen. Außerdem gibst du deinem Ex-Mann damit die Möglichkeit, die ganze Wahrheit zu erkennen, die du zuvor durch deine Lügen verschleiert hast. Er braucht diese Wahrheit, damit auch er loslassen und für sich selbst neue Schritte gehen kann.

Wenn du dich also immer noch mit Schuldgefühlen plagst, bedeutet das im Umkehrschluss, dass noch nicht die ganze Wahrheit gesehen wurde; denn Schuldgefühle können nicht mit der Wahrheit ko-existieren. Das Ganze bezieht sich jedoch nicht nur auf deinen Ex-Mann, sondern auch auf die sehr wahrscheinliche Tatsache, dass du vor dir selbst etwas verschweigst, nicht sehen kannst oder willst. Da ist etwas noch nicht (gänzlich) aufgedeckt und fristet ein Schattendasein. Was steckt hinter dem Nicht-Loslassen-Können? Schau dir ehrlich an, welchen Nutzen dein Ex-Mann immer noch für dich hat. Geht es da um Sicherheit und Abhängigkeit? Hast du wirklich je ohne seine „Rückendeckung" selbstverantwortlich gelebt?

So lange du die komplexen Zusammenhänge und Abhängigkeiten aus deinem Unterbewusstsein nicht ans Licht bringst, kannst du nicht wirklich frei in eine neue Beziehung starten, weil sie durch die „Funktion" des Ex-Mannes im

Hintergrund „subventioniert" und durch deine Schuldgefühle gestört wird. Du fühlst in deinem Inneren diese unangenehme Unstimmigkeit, die ein wenig nach Unehrlichkeit schmeckt. Findet da ein gewisses Benutzen statt? Welchen Zweck erfüllt dein Ex-Mann immer noch für dich (und sei er auch „nur" emotional)? Wenn du darauf verzichtest, kann Loslassen geschehen.

Wie kann ich liebend "nein" sagen und braucht das Erklärungen?

Tatsächlich solltest du für dich klären, welchen Hintergrund dieses „Nein" für dich hat (Erklärung = Klärung). Warum oder wozu ist es notwendig, was soll es bewirken? Steht das Nein zum Beispiel für Abgrenzung, weil dir etwas zu viel geworden ist und du dich überfordert fühlst oder als Schutzmaßnahme, weil du spürst, dass dir das, was du tun sollst, nicht gut tut? Erklärungen sind absolut sinnvoll, so lange sie sich im Rahmen der Reflexion auf dich selbst beziehen. Ein erwachsenes Leben braucht diese Bewusstheit, weil es nur so wirklich selbstverantwortlich sein kann. Im Gegensatz dazu kannst du Unbewusstheit daran erkennen, dass du im Außen nach Erklärungen suchst, weil du dir deiner eigenen Sache, also ob das Nein für dich berechtigt ist, nicht sicher bist. Wenn du das Bedürfnis nach Erklärung (Rechtfertigung) hast, dann wahrscheinlich deshalb, weil ein Gefühl von Schuld oder Nicht-Richtig-Sein in dir rumort, du also Gewissensbisse hast, weil du mit deinem Nein gegen konditionierte Überzeugungen handelst. Wenn du mit deinem bewussten Hinterfragen aber genau diese konditionierte Mauer durchbrichst, ist dein Nein automatisch sicher und stabil eingebettet und braucht keinerlei Erklärung mehr, die sowieso von niemandem eingefordert werden kann. Ein Nein, liebevoll ausgedrückt, dürfte nicht so schwierig sein. Du kannst freundlich sagen: „Es tut mir leid, aber das geht nicht" oder du kannst dein Nein in einem „Ja" verstecken, indem du eine Alternative anbietest, wie zum Beispiel „Ich helfe gerne, jedoch hier ... geht es nicht, aber da ... wäre es möglich". Sicher geht es dir aber nicht (nur) um den Ton, der die Musik macht, sondern um das Verständnis auf der Gegenseite. Es ehrt dich, wenn du den Konsens suchst und den Wunsch hast, dass dein Gegenüber dein Nein verstehen möge, sofern du ihm dabei deine Sichtweise nicht aufzwingen willst. Es ist jedoch nicht in deiner Verantwortung, wie deine Entscheidung beim anderen ankommt, weil du keinen Einfluss auf seine Toleranz hast und auch nicht haben sollst. Jedem Menschen, der dir zugetan ist, wird ein freundliches Nein ausreichen und wenn du dich darüber hinaus erklären möchtest, dann muss die Aussage, dass dir ein Ja nicht gut täte, ausreichen. Hier trennt sich dann gerne die Spreu vom Weizen – und das ist gut so.

Ich fühle mich minderwertig und unvollkommen und suche nach meinen Wurzeln, da ich erst vor kurzem erfuhr, dass meine Mutter als Kind adoptiert wurde. Wie kann ich mich ganz fühlen?

Dass du dich minderwertig fühlst hat nichts mit der Adoption deiner Mutter zu tun. Vielmehr hat dein Ego hier einen wunderbaren Grund gefunden, dir deutlicher mitzuteilen, dass du nicht „genügend" bist. Dieses Gefühl der Unzulänglichkeit hat wahrscheinlich schon in dir geschwelt, bevor du von dieser Adoption erfahren hast. Es macht den Anschein, dass dein Ego sich langweilt und nach etwas gesucht hat, auf dem es jetzt herumreiten kann. Es sucht nach einer Attraktion, weil ihm das Leben, das es bisher oder gerade lebt, vielleicht nicht genügend Aufmerksamkeit schenkt. Bist du mit deiner momentanen Lebensphase zufrieden? Gibt es möglicherweise derzeit Dinge, vor denen du flüchtest? Stehen Veränderungen bevor? Stelle dich diesen Fragen und lasse Wahrheit ans Licht kommen; sie zeigt dir das was wirklich entscheidend ist und nicht wer deine Großeltern sind und welches Erbgut sie dir mitgaben.

Deine Suche zeigt, dass du nicht wirklich in dir ruhst und dir selbst nicht vertraust. Die Frage, wer du bist, kannst du nicht beantworten, indem du auf dein Umfeld blickst, denn wer oder was du bist, hat in letzter Konsequenz nichts mit anderen (oder deren Erbgut) zu tun. Selbst wenn du auf deiner Suche nach der Person, der du meinst nicht zu genügen, mehreren Autoritäten begegnen würdest, ist es schlussendlich doch immer nur dein eigenes Ego, das sich in diesen Menschen widerspiegelt. Es ist völlig gleichgültig, welchen menschlichen Ursprung du hast, weil dies nicht deine „wahren" Wurzeln sind. Wenn du der Frage „Wer bin ich?" nachgehst, dann wirst du herausfinden, dass du nicht das minderwertige kleine Ego bist, sondern ein Wesen, das genau so wie es ist, vollkommen ist.

Ich kann glückliche Momente nicht genießen und mich nicht fallen lassen. Wenn mir etwas nicht passt, mache ich dicht und werde aggressiv. Wie kann ich eine positive Lebenseinstellung finden?

Du kannst dich nicht fallen lassen, weil dein Ego vollauf damit beschäftigt ist, dein Leben zu kontrollieren. Wenn sich etwas seinem Willen entgegenstellt, bietet es sofort Widerstand, was sich in Aggressivität ausdrückt. Da ist durchaus Egozentrik mit einem guten Schuss Egoismus zu erkennen. Es wird weiter anstrengend für dich, wenn du nicht erkennst, dass die Wahrheit grundsätzlich anders aussieht: Das Leben richtet sich nicht nach dir, sondern du musst dich nach dem Leben richten, was natürlich für uns alle gilt und zwar ohne Ausnahme. Es bleibt dir schlussendlich auch gar nichts anderes übrig, weil du in letzter Konsequenz nicht wirklich Macht besitzt (was dem Ego überhaupt nicht gefällt). Jeder Widerstand, den du dem natürlichen Fluss des Lebens entgegen stellst, wird mit Konflikten beantwortet, die sich unweigerlich daraus ergeben müssen. Du schwimmst dann quasi gegen den Strom, was sich schwer und schwierig anfühlt, weil der schon verlorene Kampf sehr anstrengend ist.

Was ist eine positive Lebenseinstellung? Manche glauben, man müsse sich alles nur „schön reden", was entsprechende Seminare gerne unterstützen. Natürlich ist es wahr, dass deine Stimmung deinem Blick folgt, der sich auf das Schöne oder Schlechte richten kann. Und offensichtlich lebst du sorgenfreier, wenn du auf das Gute achtest, das dir widerfährt. Was passiert aber auf Dauer mit dem Schlechten, das du in dein Unterbewusstsein abschiebst? Möglicherweise ist das auch eine Quelle deiner Aggressionen, die zwangsläufig auftauchen müssen, wenn Wahrheit zu lange verschwiegen wird und (emotionaler) Druck entsteht.

Es gibt nur eine richtige positive Einstellung und das ist Neutralität. Dabei überlässt du dich dem Leben, nimmst die Dinge an wie sie geschehen und gibst möglichst überhaupt keine Be-Wertung über das ab, was dir geschieht. Das bedeutet eben nicht, dass du dich über vermeintlich Schlechtes zwanghaft freuen sollst; und du darfst selbstverständlich Änderungen vornehmen, wenn du die Dinge zuvor angenommen hast. Alles, was dir in deinem Leben widerfährt, hat einen Sinn. Besonders das Unangenehme trägt eine Wahrheit (deine Schatten) in sich, die wichtig für dich ist. Die Geschehnisse des Lebens sind Chancen und bringen dich mit deinem Potential in Verbindung. Wenn du deinem Ego die Kontrolle entziehst, werden Widerstand und Aggressivität verschwinden, weil dann das Leben mit all seiner Energie frei durch die fließen kann.

Ich leide unter Kontrollzwängen. Wie kann ich die in den Griff bekommen?

Kontrollzwänge schleichen sich manchmal in Phasen der Überforderung ein, wenn dein Ego versucht, den Verlust seiner Sicherheit mit Dingen, die er kontrollieren kann, wieder auszugleichen. Um zurück in eine stabile Balance zu finden, frage dich wo du dich überforderst, stresst, unter Druck, unfrei oder einfach unangenehm fühlst. Oft scheint die Ursache im beruflichen Bereich zu liegen, was jedoch manchmal nur den oberflächlichen Aspekt der Sache darstellt. Wenn du tiefer schaust, können sich auch Mangelzustände oder Erschöpfung im emotionalen oder mentalen Bereich aufzeigen. Schau also hinter deine eigene Fassade und entdecke, ob im Untergrund ein Konflikt schwelt, der dich an der Oberfläche vermehrt Energie kostet, so dass du das Gefühl hast, du wärest an eben dieser Oberfläche überfordert.

Liegt die Ursache im äußeren Bereich und die Situation ist weder abwendbar, veränderbar oder vermeidbar, so musst du sie vollkommen annehmen wie sie ist. Es wird ihre Gründe haben, weshalb sie erforderlich ist und die Phase wird von alleine enden, wenn du ihren Sinn erkannt hast. Kämpfe also nicht dagegen an und entziehe den Kontrollzwängen ihre Wichtigkeit, indem du ihnen keine Aufmerksamkeit mehr schenkst; lasse sie einfach über dich ergehen. Sie verschwinden von alleine, wenn dir ihr Thema bewusst geworden ist. Die Phase möchte dir vielleicht einfach nur zeigen, dass du selbst Grenzen hast und dass du sie einhalten oder lernen sollst, „nein" zu sagen. Ist die Überforderung durch grundsätzliche Desorganisation entstanden, kannst du dich in eine verbesserte Struktur hinein verändern, mit der du dich in eine gesunde Auslastung bringst. Wenn die Situation in keiner Weise deinen Möglichkeiten angepasst werden kann und ein verharren in ihr für dich unmöglich ist, dann wirst du sie komplett verlassen müssen, weil sie dich sonst krank und unglücklich macht. Sobald du in die Handlung kommst, also die Ursache deiner Überforderung gefunden und die entsprechende Entscheidung für dich getroffen hast, wird der Kontrollzwang verschwinden.

Die Beziehung mit meinem Mann läuft seit einem Jahr on/off und ist unerträglich respektlos. Ich kann meinen Mann, der nebenher bereits eine andere Frau hat, irgendwie nicht aufgeben, obwohl auch ich selbst mittlerweile anderweitige Männer-Kontakte habe. Ihm geht es genauso. Wie komme ich da raus?

Nur eine konsequente Entscheidung kann dieses Karussell zum Anhalten bringen und das bedeutet Verzicht. Den will aber keiner von euch beiden eingehen, weil das möglicherweise als Aufgeben oder Nachgeben gewertet wird. Wenn dem so ist, so deckt dies auf, dass es nicht um Liebe geht, sondern um Macht. Um loslassen zu können, musst du den Komplex vollständig durchleuchten und deine ehrlichen Beweggründe ans Licht holen. Finde heraus, worauf konkret du nicht verzichten möchtest. Was genau fürchtest du zu verlieren? Was scheint dir dein Mann zu geben? Handelt es sich um einen Zweck, den er für dich erfüllt oder einen Nutzen, den er für dich darstellt und mit dem es dir gut geht? Sind das emotionale, körperliche oder materielle Dinge? Willst du das Teilen von Hab und Gut, das eine Scheidung mit sich bringt, vermeiden und die finanzielle Verschlechterung, die sich daraus ergibt? Fällt es dir schwer, dich einzuschränken? Was spielen Gewohnheit und das Gerede der Leute für eine Rolle? Gibt es Gefühle des Versagens? Wo ist die Liebe, wenn Respektlosigkeit gelebt wird? Warum konntet ihr die Konflikte nicht innerhalb eurer Beziehung lösen, worauf das Flüchten in außereheliche Kontakte hinweist? Ist es nicht so, dass in dieser Beziehung eine gewisse Unehrlichkeit und Bequemlichkeit existiert(e)? Finde ehrliche Antworten auf diese Fragen und schau, ob Liebe für deinen Mann übrig bleibt. Wenn ja, dann kann ein erneuter Versuch glücken, wenn die Beziehung auf eine ehrliche Basis gestellt wird und ihr beide bereit seid, euch ohne gegenseitigen Nutzen ganz aufeinander einzulassen. Wenn die Antworten darauf hinweisen, dass es nicht um Liebe geht, sondern um einen Verlust von Zweck, so wäre das Karussell nur dadurch zu stoppen, dass du bereit bist, entsprechend Verzicht zu üben. Es muss dir dann egal sein zu „verlieren", weil sich im vermeintlichen Verlust dein Gewinn versteckt. Du wirst dann feststellen, dass dir dieser Verzicht Freiheit schenkt, die unvergleichlich wertvoller ist, als jeder Nutzen je sein kann.

Ich erlitt vor zehn Jahren einen großen MS-Schub und meine 18-jährige Tochter befindet sich in einer Leukämie-Therapie. Ich habe große Schwierigkeiten mit ihr, weil sie mir jede Verantwortung zuschiebt, sehr fordernd und anstrengend ist und mich über meine Grenzen hinweg reizt. Es ist schon immer so, dass ich mich der Ruhe willen unterordne. Wie kann ich selbst stärker werden und zu meiner eigenen Meinung stehen?

Die Krankheiten in deinem Leben zeigen dir, dass du ungesunde Muster und Disharmonien lebst. Es ist fraglos tragisch, dass deine Tochter an Leukämie erkrankt ist, aber es macht den Anschein, als ob es primär nicht um diese Krankheit ginge, sondern um eure Beziehung, die schon vor ihrer Entstehung schwierig war. Die Krankheit bringt scheinbar jetzt ans Licht was wohl gesehen werden soll. Deine Tochter „steht dir im Weg", weil sie dir irgendwo ähnlich ist und deine Schatten provoziert. Schau dir mal genauer an, was sie dir spiegelt: Neigst du vielleicht manchmal dazu, die Ursache für dein Unwohlsein anderen in die Schuhe zu schieben oder äußeren Umständen anzulasten? Wo bist du möglicherweise fordernd oder anstrengend für andere? Kannst du „nein" sagen, wenn es dir zuviel wird? Nimmst du deine Grenzen überhaupt wahr? Sorgst du selbst dafür, dass du im Ausgleich bist oder forderst du Rücksichtnahme und ein gewisses Hellsehen der Menschen mit denen du enger zu tun hast? Bist du enttäuscht, wenn niemand merkt, dass du überlastet bist?

Stelle dich ehrlich deinen Antworten und erkenne, dass niemand für dich und dein Wohl verantwortlich ist, außer dir. Keiner muss dir helfen und niemand muss hinter dir stehen. Vollständige Selbstverantwortung verlangt auch von dir, negative Gefühle zuzulassen, die dann entstehen können, denn du „nein" sagst. Mit dem Aushalten eines schlechten Gewissens oder Schuldgefühlen kannst du die krankmachende Konditionierung löschen, die dir einredet, du müsstest über deine Grenzen gehen und alles ertragen, damit Frieden herrscht. Die Ruhe, die aus diesem Vermeiden entsteht, ist fadenscheinig, unecht und unehrlich, weil es innerlich in dir brodelt und du dich so zum Opfer machst. Wie sollst du in Harmonie leben, wenn du nur eine Seite lebst und die andere permanent unterdrückst? Wenn du zu deiner Meinung stehen möchtest, dann musst du in den Konflikt, auch wenn der andere dir suggeriert, dass du böse bist, wenn du nicht tust, was er will. Diese Überzeugung verstärkt dein Gefühl, dass du lieb sein musst, um geliebt zu werden.

Wohin dich das tatsächlich bringt, siehst du jetzt. Es gibt nur eines zu tun, wenn du selbstsicher zu deiner eigenen Meinung stehen möchtest: Du musst es mutig aushalten, die Böse zu sein und zwar so lange, bis sich jeder an dein „Nein" gewöhnt hat. Die Böse löst sich dann von alleine auf, weil sie sowieso nur in deinen Gedanken existiert hat. Wenn du jedoch aus Bequemlichkeit einknickst, hast du verloren. Dein starkes Gegenüber gibt erst dann nach, wenn du selbst Stärke bewiesen hast. Wenn du deine Grenzen selbst nicht einhältst, wieso sollen es dann die anderen tun?

Nach der unfreiwilligen Trennung von meinem Mann sehe ich alles nur noch negativ. Was kann ich tun, um nicht mehr in ein Loch zu fallen, mehr Stabilität zu bekommen und positiver schauen zu können?

Du bist nicht deiner Sicht ausgeliefert. Im Moment hast du zwar das Gefühl, du würdest von den äußeren Bedingungen gesteuert werden; dem ist aber nicht wirklich so. Egal wie die Welt da draußen aussieht und was du mit ihr erlebst, es kann keine Einwirkung auf dich haben, wenn du das nicht zulässt. Du gibst deiner Gedankenwelt Orientierung und damit auch deinen Gefühlen, die mit deinen Gedanken verbunden sind. Das heißt, dass wenn du das was ist gedanklich als negativ bewertest, du diese Negativität entsprechend fühlst. Das ist die eine Seite deines Konflikts. Die andere ist die, dass du die Trennung von deinem Mann noch nicht akzeptiert hast, weil sie unfreiwillig geschah. Du wolltest das nicht und befindest dich deshalb im Widerstand zur Tatsache. Widerstand kann sich nur negativ ausdrücken, weil durch ihn die Wahrheit negiert wird. Stabilität aber braucht Realität und das bedeutet, dass du die Tatsache, dass die Trennung vollzogen und du alleine bist, annehmen musst. Echte Annahme kann erst dann geschehen, wenn du die Wahrheit in den „tieferen Regionen" erfasst hast. Dann bist du raus aus der Opferrolle und kannst dich wieder nach vorne bewegen. Gehe also tiefer und spüre, was hinter deiner Negativität steckt. Ist da vielleicht Angst oder auch Wut und Zorn? Blicke hinter diese Gefühle und entdecke die Trauer, die unter deinen Emotionen liegt. Wenn du sie bewusst betrachtest, kannst du dein eigenes Tun erkennen, was Befreiung bedeutet und Loslassen möglich macht. Wenn du dich dann auf die Gegenwart ausrichtest und beginnst, dein Leben offenen Blickes und mit der Wahrheit als Basis zu gestalten, wird Stabilität eintreten, was das „Positive" als eine natürliche Folge dessen mit sich bringt.

Ich bin in leitender Position und habe mit öffentlichen Auftritten zu tun, vor denen ich Panik habe, weil ich mein Gesicht nicht verlieren will. Außerdem bin ich unsicher geworden, seit mit meinem neuen Chef jetzt alles anders läuft. Wie kann ich damit klar kommen?

Dein neuer Chef zwingt dich scheinbar aus deiner Komfortzone heraus. Bisher hattest du dich sicher gefühlt; deine gewohnten Abläufe sind zur Routine geworden und Automatismus hat sich eingestellt. Daran ist nichts Schlechtes, denn es bringt den Vorteil mit sich, dass dadurch Potential für Neues frei werden kann. Das Leben ist Lernen, immer wieder Neues zulassen. Wenn du es aus dieser Perspektive betrachten kannst, dann ist es dir vielleicht möglich, die Veränderungen, die dein neuer Chef eingeführt hat, leichter anzunehmen. Bietest du jedoch Widerstand, indem du mit dem Festhalten des Alten das Neue blockierst, entsteht ein enormer Energieverlust, der deine Unsicherheit den unbekannten Abläufen gegenüber verstärken kann. Wenn du aber „ja" zur Veränderung sagst, wird sich die Sicherheit schnell wieder einstellen. Stelle das Gute in den Vordergrund, wenn du deinen Job behalten möchtest; andernfalls wirst du nur deine Kraft verlieren und immer missmutiger werden.

Schaue dir auch genau an, was es für dich bedeutet, dein Gesicht nicht verlieren zu wollen. Ist das wirklich dein wahres Gesicht, das du nach außen den Menschen gegenüber präsentierst oder ist das lediglich eine Maske? Kann ein wahres Gesicht wirklich verloren werden? Bist du authentisch? Zeigst du dich ehrlich wie du bist mit allen Unsicherheiten, Macken und Schwächen? Oder ist es nicht genau das, wovor du Angst hast, dass andere deine Schwächen sehen könnten? So lange du „Angst vor Entdeckung" hast, lebst du eine Lüge, ein fehlerloses Idealbild, dem du hinterher hechelst, das dich unter Erfolgsdruck setzt und Angst verbreitet, wenn du spürst, dass du ihm nicht entsprechen kannst. Es ist die Maske, die eine unehrliche Diskrepanz schafft zu dem was du wirklich bist – ein Mensch mit Fehlern und Schwächen. Hat es nicht einen Geschmack von Arroganz, fehlerlos und ohne Schwächen sein zu wollen? Ist da nicht ein Ego am Werk, welches sich ziemlich wichtig nimmt und den Wunsch hat, besser zu sein als die anderen? Willst du dem wirklich entsprechen?

Wegen Spiel- und Alkoholsucht war ich in stationärer Therapie. Mein Selbstwert war schon immer gering und ich vermeide Streit durch Harmoniesucht. Wie kann ich lernen, meine eigene Meinung anzubringen und mich mit einem "Nein" abzugrenzen, damit kein Druck mehr entsteht?

Du hast bereits erkannt, dass du in Situationen, in denen du zu dir selbst stehen solltest, dazu neigst, dich in die Sucht zu flüchten. Du hast leidvolle Zeiten hinter dir und dich dem Entzug gestellt. Dadurch weißt du mittlerweile wie unsinnig die Flucht in den Alkohol ist, weil deine Probleme dadurch nicht gelöst, sondern verstärkt werden. Trotz dieses Wissens in das kranke Muster zurückzufallen bedingt eine gewisse Unbewusstheit. Du hast dann zwar oberflächlich den Mechanismus erkannt, ihn aber nicht in deine Verantwortung gestellt, weil dir noch nicht klar ist, dass nur du allein den On-Off-Schalter betätigen kannst. Bis dahin siehst du dich in der Position des Opfers, das du in Wirklichkeit aber nicht bist. Du hast jederzeit die Wahl zwischen gesunder und kranker Handlung.

Selbstverantwortung bedeutet, dass du für dein Wohl verantwortlich bist und sonst niemand. Dazu musst du zuerst einmal wissen was dich krank macht. Das bedeutet, dass die Mechanismen bis in die Tiefe hinein durchleuchtet werden müssen, damit du ihre Hintergründe erkennst. Als Ursache deines Sucht-Musters taucht die Vermeidung von Streit als Ursache auf und damit auch die fehlende Abgrenzung. Du weißt nun, dass du in Fällen von Disharmonien und verschiedenen Meinungen nicht mehr flüchten darfst, sondern dass du mutig für dich einstehen musst. Wenn dein Partner deine Problematik kennt, wird er dich darin unterstützen, bei dir selbst zu bleiben. Vielleicht ist es sogar so, dass dein Partner schon lange darauf wartet, dass du dich ehrlich über dich selbst äußerst. Möglicherweise wünscht er sich insgeheim schon immer mehr Aktivität von dir. Und so wäre der Beziehung eine neue Basis geschenkt, die auf mehr Ehrlichkeit beruht als zuvor.

Du weißt jetzt, dass du „nein" sagen *musst*, weil es dich gesund hält. Du weißt, dass du deine Meinung äußern *musst*, damit kein innerlicher Druck mehr entsteht. Dein Wohl steht und fällt mit deiner Selbstverantwortung, die

Achtsamkeit braucht. Achtsamkeit geht am Denken vorbei. Vielmehr hat dich das Denken in die Sucht getrieben, weil das Ego gerne unangenehmen Dingen (Wahrheiten) aus dem Weg geht und Verantwortungen scheut. Es zieht die bequeme Rolle des Opfers vor, weil es dann andere schuldig sprechen kann. Fühle also dein „Nein" und denke nicht darüber nach, ob du nun „nein" sagen sollst oder nicht, denn damit hat dich das Ego wieder im Griff. Ob etwas gut oder schlecht für dich ist, kannst du nur fühlen. Im negativen Fall durch Verspannungen und Krämpfe im Körper (oft Nacken oder Bauch) oder durch unangenehme Gefühle (Angst). Wenn es gut für dich ist, bleibt alles entspannt und du fühlst dich wohl, erleichtert oder frei. Übe dich darin, dich selbst zu spüren; es ist die einzige Wahrheit, nach der du dich richten sollst; dein eigenes Gewahrsein zeigt dir was zu tun ist.

Mein Partner hat sich gerade von mir getrennt, obwohl ich so viel für ihn getan habe. Ich spüre wieder Verlustangst, die daher kommt, weil meine Eltern mich im Stich ließen. Ich habe bereits eine Therapie hinter mir und frage mich immer noch, wie ich Lieblosigkeit verarbeiten, loslassen und mich selbst lieben kann.

Wenn den Symptomen an der Oberfläche des Daseins zuviel Aufmerksamkeit geschenkt wird, verstärken sie sich. Das ist die Ursache, weshalb Therapien manchmal leider keine Heilung bringen. Wie sollte es möglich sein, dich aus einem Konflikt zu befreien, wenn du ihn (permanent) wichtig machst? Um Loslassen zu können, musst du zuerst die Sache klar durchschaut haben, was ihr automatisch die Macht entzieht. Du hast dich nun schon viele Jahre mit der Lieblosigkeit deiner Eltern auseinandergesetzt und sie dennoch bis heute nicht akzeptieren können, weil du die Wahrheit dahinter noch nicht wirklich aufgedeckt hast. Akzeptieren bedeutet nicht, dass du gutheißen musst, was geschehen ist. Es bedeutet lediglich, dass du die Sache annimmst, wie sie war und ist, weil du nämlich nichts dagegen tun kannst, außer damit zu leben; denn es ist ja bereits geschehen und geschieht.

Wenn du an diesem Punkt der Einsicht ankommst, kannst du endlich deine Kindrolle abstreifen und dein Erwachsensein annehmen. So lange du nämlich deinen Eltern die Schuld dafür gibst, dass du nur schwer mit Trennungen zurechtkommst, trägst du noch keine Verantwortung für dein eigenes Handeln und das was in deinem Leben geschieht. Du lebst dann in der Überzeugung ein Opfer zu sein, was eine Verarbeitung der Geschehnisse und das Loslassen derselben verhindert. Ausnahmslos jeder Mensch nimmt seine kindlichen Verletzungen und Konditionierungen mit in die Erwachsenenwelt hinein.

Sofern du dem Menschsein einen Sinn geben möchtest, könnte es vielleicht der sein, dich mit deinen Prägungen auseinanderzusetzen, damit dein wirkliches So-Sein zum Vorschein kommen kann. Das geht aber nur wenn du bereit bist, dir die positive Seite der Medaille anzuschauen. Was haben dir deine Verletzungen „gebracht"? Christlich gesprochen würde das bedeuten, „aus Wunden Perlen machen".

Deine Prägung hat dich möglicherweise mit feinen Antennen und Mitgefühl ausgestattet, was dich für andere zu einem wertvollen Freund macht. Mache dir deine Perlen bewusst und danke für jede einzelne.

Wenn du hingegen in der Opferrolle bleibst, dienst du dem leidenden Ego, das sich immerfort durch weiteres Leid bestätigen muss. Das Ego liebt die Rolle des Opfers, weil es die anderen damit zu Schuldigen machen kann, während es selbst immer fein raus ist. Ganz bestimmt haben deine Eltern nicht immer recht an dir gehandelt. Doch was immer sie getan haben, ist durch sie zu verantworten, wie auch du wiederum für dich verantwortest, worauf du dein Leben ausrichtest: auf Freude und Fülle oder Mangel und Leid.

Versuche dich aus der Bewertung und Verurteilung herauszunehmen und überlasse dem Leben die Sorge für Ausgleich und Gerechtigkeit. Treffe du die klare Entscheidung, dass deine Vergangenheit im Jetzt nicht mehr existiert. Bleibe konsequent, wenn wertende Gedanken auftauchen wollen und übernehme so die Verantwortung für dein Seelenheil. Und vielleicht möchtest du sogar einen Schritt weiter gehen und dich mit der Frage auseinandersetzen, welchen Sinn deine Prägung für dich in diesem Leben haben könnte. Manchmal ist es ganz anders, als man (Ego) denkt. Vielleicht geht es in erster Linie gar nicht darum, dich selbst zu lieben, sondern darum, anderen Liebe zu schenken? Und zwar ohne Bedingung auf Ausgleich. Wie fühlt sich das für dich an?

Ich leide unter Schlafstörungen und habe Angst vor Kontrollverlust. Ich will mein Gesicht nicht verlieren, setze mich unter Leistungsdruck und suche nach Anerkennung von außen. Wie kann ich den Mut haben, die Wahrheit auszusprechen, auch wenn ich dadurch dann vielleicht nicht geliebt werde?

Was du hier beschreibst, sind die Manipulationen deines Egos – das bist nicht du. Du musst weder etwas kontrollieren, noch leisten. Du darfst sein wie du bist. Gehe in die Distanz zu diesem Ego, das gerade gegen seinen Machtverlust ankämpft, weil es spürt, dass du bereits hinter seine Fassade geblickt hast. Du hast gesehen, dass da jemand ist, der anders ist. Da ist jemand in dir, der gerne wahrhaftig sein will, der sich authentisch so ausdrücken möchte, wie er ist. Dieser Jemand muss es niemandem recht machen, er muss auch nicht gut und leistungsstark sein; er muss nicht mal wahrgenommen werden. Er muss sich nicht groß machen und deshalb hat er auch keine Angst vor Kleinheit. Es gibt nichts zu entdecken, weil er nichts verschweigt. Und deshalb kann es auch keine Bedenken mehr geben, das Gesicht zu verlieren, weil er keine Maske mehr trägt.

Deine Schlafstörungen sind lediglich Ausdruck dieses Kampfes „Ego versus Wahrheit", der in dir stattfindet. Heiße diesen inneren Konflikt willkommen, der dir die Möglichkeit bietet, endlich dein So-Sein ans Licht zu holen. Das bedingt, dass du dich deiner eigenen inneren Wahrheit stellst und deine Schatten anschaust. Es wird dir egal sein, wenn deiner Außenwelt dein ehrliches Gesicht nicht gefällt, weil du weißt, dass dies lediglich Freunde des Egos sind, die du ganz natürlich ablegst (es sei denn, sie folgen dir in die Wahrheit), je mehr dein wahres So-Sein zum Vorschein kommt. Freundschaften können nur dann ehrlich sein, wenn du dich authentisch zeigst. So lange du deinem Ego den Vortritt gibst, tun es die anderen auch und deine Angst vor Entdeckung bleibt. Wenn du eine bewusste Entscheidung für dein So-Sein triffst, werden sich deine Ängste und Schlafstörungen Zug um Zug gegen das Offenlegen der Wahrheit auflösen. Ob du dann von anderen geliebt wirst, ist dann keine Frage mehr, weil sie sich für dich erübrigt hat.

Die Beziehung zu meinem Freund ist nach längerem Hin und Her beendet. Ich kann jedoch nicht loslassen und denke ständig darüber nach, was er hätte ändern können. Ich ärgere mich über die Vorwürfe, die er mir macht und fühle gleichzeitig Schuld. Ich brauche eine Methode, um zu mir zu kommen.

Loslassen kann erst geschehen, wenn Wahrheit aufgedeckt und die Sache vollständig geklärt wurde, wenn also keine Fragen mehr offen sind und keine Ausflüchte vor Verantwortlichkeiten mehr bestehen. Da dies scheinbar noch nicht wirklich geschehen ist, solltest du entweder mit deinem Freund noch einmal klare Worte wechseln oder dich intensiver mit dir selbst auseinandersetzen. Was Letzteres, aber gleichfalls auch Ersteres anbetrifft ist die Tatsache, dass es hier jedoch nicht um die Verantwortung deines Freundes geht, sondern um deine eigene. Krass ausgedrückt geht es dich im Grunde nichts an, was er deiner Beobachtung nach „falsch" gemacht hat oder hätte anders machen sollen.

Wenn du da noch hängst bedeutet das, dass du Schuld auf ihn projizierst und das ist auch der Grund, weshalb du nicht loslassen kannst. Du musst zuerst diese Projektionen zurück nehmen, indem du sie dir näher anschaust. Dahinter verstecken sich nämlich Vorwürfe oder Erwartungen, die dich selbst bereffen, die du aber nicht sehen möchtest und deshalb deinem Partner zuschiebst. Er macht das in gleicher Weise (seine Vorwürfe) mit dir, was aber allein in seiner Verantwortung liegt. Bleibe du bei dir und finde deine Wahrheit, die deinem Handeln zugrunde liegt. Das heißt konkret:
1. Notiere dir die Vorwürfe, die du an deinen Freund gerichtet hast und schaue, wo du dieselben Verhaltensweisen an den Tag legst. Das kann natürlich in völlig anderen Lebensbereichen oder Themen sein oder in einem weit geringerem Maße. Wichtig ist nur, diese Schattenanteile in dir zu erkennen und zu dieser Wahrheit zu stehen, auch wenn sie dir nicht gefällt. Das gilt auch für den 2. Punkt, in dem du dir seine Vorwürfe, notierst, die er an dich adressiert hat. Gehe wahrheitsgemäß jeden einzelnen durch und stelle dich dem, was dabei heraus kommt. Du würdest nicht mit Ärger oder Schuld auf seine Vorwürfe reagieren, würden sie nicht (ein Körnchen) Wahrheit in sich tragen. Rechtfertige dich dabei aber nicht weiter, denn das ist lediglich ein Ablenkungsma-

növer und bedeutet letztlich wieder Flucht vor Wahrheit und Verantwortung. Es geht aber auch nicht darum, dich mit erhobenem Zeigefinger schuldig zu sprechen, sondern das Ego zu entlarven, das alles, was sein Idealbild angreift, ins Unterbewusstsein abschiebt. Je wahrer der Vorwurf, desto heftiger die Reaktionen von Abwehr und Widerstand. Stelle dich diesen Wahrheiten, auch wenn sie unangenehm sind.

Es scheint so zu sein, dass weder du noch dein Partner bereit wart, sich wirklich ehrlich selbst zu begegnen. Eure Konflikte drehten sich im Kreis der Unbewusstheit, der Projektion und Unwahrheit; ein Hin- und Herschießen von Vorwurfsbällen, ohne je wirklich hingeschaut zu haben, was da tatsächlich vor sich geht. So war es innerhalb eurer Partnerschaft nicht möglich, eure intrapsychischen Konflikte zu lösen, weil keiner von euch beiden die Bereitschaft zeigte, über seine kindliche (Opfer-)Rolle hinauszuwachsen. Nun bietet dir die Trennung die Chance, deine Maske abzunehmen und die Wahrheit über dich zu erkennen und an ihr zu reifen. Die Methode, die du suchst, um zu dir zu kommen, ist also einzig die, dich deiner Wahrheit zu stellen.

Ich stehe mir selbst im Weg und leide unter Entschlusslosigkeit, geringem Selbstwertgefühl und innerer Unruhe. Wie schaffe ich es, meine Selbstzweifel zu überwinden und in mein eigenes Gefühl zu kommen?

Entscheidungen bedingen, dass du unter mindestens zwei Möglichkeiten wählen musst. Wenn es dir nicht möglich ist, diese Auswahl zu treffen, kann das zwei Ursachen haben: 1. Du hast Angst, dass deine Wahl auf die „falsche Seite" fällt und möchtest weder die Konsequenzen, noch die Verantwortung dafür tragen. Darüber hinaus willst du auch dein Gesicht nicht verlieren, wenn sich die Entscheidung als vermeintlich falsch herausstellt. Ich habe diesbezüglich eine gute Nachricht für dich: Es gibt gar keine falsche Entscheidung! Egal welche Wahl du triffst, sie ist immer die richtige, weil sie dich weiter bringt. Jede Entscheidung bedeutet schlussendlich Erfahrung, auf der sich Selbstvertrauen aufbaut. Wenn du den „falschen" Gedanken einer „falschen" Entscheidung zu Ende denkst, kommst du zu folgendem Ergebnis:

Durch die vermeintlich falsche Wahl gewinnst du die Gewissheit, dass dieser Weg für dich nicht (mehr) richtig ist. Ohne das Gehen dieses Weges, kannst du diese Erkenntnis nicht erlangen. Aus dieser erweiterten Sicht wirst du dann darin bestätigt, dass entweder die andere Wahl für dich richtig gewesen wäre oder es tut sich eine völlig neue Alternative auf, die so ideal für dich ist, dass sie alles, was du zuvor aus der eingeschränkten Sichtweise erkennen konntest, in den Schatten stellt.

Die 2. Ursache, weshalb du einer Entscheidung aus dem Weg gehst, kann das Nicht-Verzichten-Wollen sein, denn jede Wahl fordert den Verzicht auf das wogegen du dich entscheidest. Ganz besonders deutlich wird dieser „Engpass" bei Trennungen und Scheidungen. Da will die Bequemlichkeit des Versorgtwerdens genau so wenig aufgegeben werden, wie die materielle Sicherheit inklusive größerer finanzieller Möglichkeiten (Urlaub, Haus, Auto etc.). Die gewohnte Komfortzone zu verlassen, ist für viele keine Option. So eiern manche Beziehungen in Langeweile und Frustration vor sich hin, weil keiner verzichten will, was Unzufriedenheit und (Selbst-)Zweifel verstärken.

Deine innere Unruhe ist Symptom deiner Entschlusslosigkeit. Sie verschwindet, wenn du beginnst, dich Entscheidungen zu stellen. Jede Erfahrung, die du dadurch machst, bringt dich automatisch mehr und mehr in deine Kraft und Selbstsicherheit. Um dies zu unterstützen, kannst du dich folgenden Fragen stellen: Worauf möchtest du grundsätzlich nicht verzichten? Was ist so schlimm an einer falschen Entscheidung? Wieso ist es so wichtig, was andere von dir denken? Was bedeutet es genau, dein Gesicht zu verlieren? Welches Gesicht ist das? Bist das wirklich du? Warum scheust du die Konsequenzen und die Verantwortung deines Handelns? Bist du überhaupt erwachsen genug, um diese tragen zu können?

Das mangelnde Selbstwertgefühl (Minderwertigkeitskomplex) ist ein Konzept des Egos. Es nutzt das Selbstwertproblem als Versteck, also als Ausrede für etwas, was es nicht tun will. Der Selbstwert ist von Bewertung abhängig bzw. das Gefühl eines Wertes entsteht nur durch deine eigene Bewertung. Wenn du also nicht bewertest, entziehst du dem Selbstwertkonzept jede Grundlage. Es ist ganz einfach: Lasse das Bewerten sein und du wirst nie mehr Probleme mit einem Selbstwert haben, den es per se überhaupt nicht gibt. Ohne Wert, an dem du dich ausrichtest, kann es keine Zweifel geben, weil es nichts zu Messen und zu Vergleichen gibt. Und genauso ist das mit dem richtigen und falschen Weg: es gibt nur *den* Weg, ohne irgendeine Bewertung. Kannst du die Entspannung fühlen, die die „Wertlosigkeit" mit sich bringt?

Ich knirsche seit Jahren nachts heftig mit den Zähnen, wache schweißgebadet auf. Ich bin immer unsicher, ob ich die Dinge richtig mache und frage mich ständig, was andere von mir denken. Ich habe Angst vor der Zukunft, ob alles gut geht. Wie kann ich das lösen?

Durch die extreme Beobachtung deines Umfeldes hast du dich selbst verloren. Doch niemand dort draußen kann dir wirklich Sicherheit geben und dir deine Angst nehmen, im Gegenteil. Die Fixierung auf die Außenwelt lässt dich wie eine Marionette, an deren Strippen jeder zieht, durchs Leben gehen. Das ist möglicherweise die Ursache des Zähneknirschens, des nächtlichen Kampfes um deine eigene Meinung, die du dich nicht traust, im Tageslicht der „echten Welt" zu äußern. Ahnt die Marionette vielleicht, dass sie durch das Außen von sich selbst weggezogen wird? Muss sie deshalb die Zähne zusammenbeißen, um das aushalten zu können? Für die Marionette kann die Zukunft nur Horror sein, weil sie nie weiß, welche Strippe als nächstes gezogen wird und ob sie dem entsprechen kann. Ich habe eine gute Nachricht für dich: Du bist gar keine Marionette und die Fäden existieren nur in deiner Vorstellung. Du bist kein abhängiges und passives Opfer, sondern der aktive Schöpfer deines Lebens. Du brauchst keine Angst vor der Zukunft zu haben, weil du sie selbst gestalten bzw. deine eigene Wahl treffen kannst.

Doch zuerst musst du in dein eigenes Heim eintreten und bei dir selbst ankommen. Das Erste, was du dafür tun kannst ist, dass du aufhörst dich selbst, dein Handeln und Tun zu bewerten. Gehe ab sofort davon aus, dass du jeden Tag dein Bestes gibst und dass das ausreichen muss, egal wie das Ergebnis jeweils aussieht. Hinterfrage deine Leistungen nicht mehr, sondern lasse den Tag hinter dir, so wie er gewesen ist. Das ist Annahme. So lange dir wichtig ist, was andere von dir halten, bist du ihnen ausgeliefert, eben als die Marionette, die nach deren Gutdünken tanzt.

Um ganz bei dir anzukommen, brauchst du die Stille und da du dir eher fremd bist, wäre der Einstieg über deinen Körper vielleicht der einfachste für dich. Richte dir am besten feste Zeiten für dich ein, in denen du *alleine* still sitzt oder liegst. Mache es dir bequem, so dass du dich gut entspannen kannst. Wenn möglich, bleibe ohne Musik oder sonstige Hintergrundablenkung. Mache zuerst eine kleine virtuelle Reise durch deinen Körper, indem du versuchst, jedes Körperteil intensiv zu spüren (Füße, Beine, Rücken, Kopf, Arme). Ende dann bei deinem Brustraum, verweile dort und höre eine Zeitlang deinem Atem zu wie er kommt und geht. Zuversicht kann nur aus deinem Inneren wachsen, wenn du dich intuitiv fühlen lernst. Diese Verbindung schafft Vertrauen und wird dich mehr und mehr dein eigenes So-Sein spüren lassen.

Im weiteren Verlauf kannst du auch Fragen in die Stille fließen lassen. Zum Beispiel, was du in diesem Leben zum Ausdruck bringen möchtest oder worin deine Freude liegt. Du kannst auch hinterfragen, was die Ursache deiner Unsicherheiten und Ängste ist, wenn du feststellst, dass dich diese Wahrheit weiter bringen kann. Je mehr du auf dein Inneres vertraust, desto unwichtiger wird die Außenwelt für dich, weil du in der Lage bist, die (einzig wahre) Wahrheit in dir selbst zu finden. Orientiere dich bei allem was du entscheidest an deiner Freude und daran, was sich gut für dich anfühlt. Je mehr du in der Lage bist, dich zu spüren, desto stabiler wird deine Selbstsicherheit. Die Frage, was andere von dir denken, wird damit überflüssig und das Zähneknirschen hört auf, weil du dich selbstbewusst in deinem Umfeld bewegen kannst. Wenn Selbstvertrauen da ist, verschwindet die Angst vor der Zukunft. Alles beginnt und endet bei dir; niemand im Außen hat Macht über dich, wenn du bei dir bleibst.

Unsere Ehe ist langweilig geworden. Ich habe den Gedanken, fremdzugehen, obwohl es sexuell bei uns immer noch passt. Meinem Mann geht es genauso wie mir. Ich würde mich gerne ohne Schmerz von ihm trennen. Wie kann ich den Absprung schaffen?

Es ist von großem Vorteil, dass du und dein Mann so offen miteinander kommunizieren könnt. Hast du dich schon einmal gefragt, ob das vielleicht die Basis ist, die eure Beziehung noch zusammen hält? Oder ist es die Gewohnheit, die Verantwortung für die Kinder, die Trägheit, die Bequemlichkeit, die Angst oder einfach das Fehlen von Kreativität? Habt ihr schon versucht, eurer Beziehung neuen Schwung zu geben und eingefahrene Muster zu verändern? Habt ihr also all die Tipps schon ausprobiert, die Therapeuten einer eingeschlafenen Ehe raten? Wenn nein, warum nicht - zu anstrengend, keine wirkliche Lust? Und wenn ja, weshalb hat sich bislang keine Veränderung ergeben? Seid ihr wirklich ernsthaft an einer Lösung interessiert und konsequent in der Umsetzung? Oder versucht ihr einfach nur dem (Trennungs) Schmerz aus dem Weg zu gehen?

Es ist legitim und nachvollziehbar, dass ihr das Leid so gering wie möglich halten wollt und aus Rücksicht auf die Kinderseelen, die in euren Konflikt eingebunden sind, auch erstrebenswert. Sobald euch klar wird, dass die Trennung der einzige Weg ist, um wieder Leichtigkeit und Freude ins Leben aller zu bringen, können Schmerz und Leid automatisch verblassen, weil die Notwendigkeit der Veränderung in die Tiefe hinein begriffen wurde. Von daher wäre es ratsam, wenn du dir gemeinsam mit deinem Mann überlegst, wie ein getrenntes Leben aussehen könnte. Sobald ihr eine klare Vorstellung davon habt und diese auch tatsächlich umsetzen wollt, können die Kinder in die Entscheidung einbezogen werden. Wenn sie spüren, dass sich Mutter und Vater entspannt einig sind und wenn das Neue frisch und leicht dargestellt wird, dann wird sich auch der Kinderblick von der Vergangenheit lösen und auf das Neue ausrichten können. Eure Kinder lernen so gemeinsam mit euch, dass Neues den Verzicht auf Altes und Gewohntes voraussetzt.

Bei aller Schmerzfreiheit, die ihr anstrebt, solltet ihr die Trauer jedoch unbedingt zulassen. Sie gehört zum natürlichen Prozess des Loslassens, denn auf etwas Geliebtes verzichten zu müssen, tut nun mal weh. In diesen „Abnabelungsvorgang" sollte nicht eingegriffen werden. Der Schmerz verblasst von alleine, sobald das Neue beginnt zur (positiven) Routine zu werden.

Solltet ihr euch dafür entscheiden, die Ehe fortzuführen, gilt hier im Grunde das Gleiche: Das Alte weiter zu leben, würde euch über kurz oder lang zum selben Punkt führen. Auch in diesem Fall geht es also um Veränderung, um das Loslassen alter Beziehungsmuster und das Eingehen neuer Kompromisse.

Vielleicht würde euch aber die Frage, weshalb diese Situation in euer Leben trifft, grundsätzlich am weitesten bringen. Welches (Entwicklungs-)Potential trägt die Sache für jeden von euch in sich?

Ich will es anderen immer recht machen, kann keine Grenzen setzen und trage ständig Verantwortung für alles. Wie kann ich stabiler und selbstsicherer werden und mich ohne Schuldgefühle oder ein schlechtes Gewissen zu haben gut fühlen?

Schuldgefühle und ein schlechtes Gewissen sind immer ein Zeichen dafür, dass du gerade etwas *nicht* tust, was die Außenwelt gerne von dir hätte. Gefühle der Schuld können nur entstehen, wenn du dein (Nicht-)Tun an einer Vorgabe, Regel, Gesetz, Norm orientierst und erkennst, dass dein Handeln nicht dem gemäß ist. Ein schlechtes Gewissen tritt auf, wenn *man* (andere oder dein eigenes Ego) dir sagt oder versteckt zu verstehen gibt, dass dein Verhalten nicht den Regeln entspricht, dass du es also „falsch" gemacht hast oder „falsch" bist. Schuld entsteht aus dem Abgleich und der Bewertung und steigert sich zur Verurteilung, was bedeutet, dass sich jemand das Recht heraus nimmt, zu wissen was richtig ist. Dieser Jemand hat sich der Norm angepasst und glaubt nun, deshalb ein „besserer Mensch" zu sein und über dir zu stehen. Weil er als Einzelner nicht genug Durchschlagskraft hat, hat er sich mit anderen Menschen die seiner Meinung sind zusammengetan; man nennt das dann die „Gesellschaft". Durch diese Verbindung gelangt das Ich zum Wir, wodurch sich Macht entwickelt, die automatisch das abwertet, was außerhalb dieses (Macht-)Kreises steht, denn der Einzelne kann ja im Gegensatz zu den Vielen niemals Recht haben. So entstehen ganze Kulturen, die einseitig funktionieren, weil sie nur die eigene konditionierte Ansicht akzeptieren. Diese Intoleranz stellt dann die Basis für alle Anfeindungen, Kämpfe und Kriege dar.

Ich habe hier bewusst die „Schattenseite" der Gesellschaft betont, um dich zu ermutigen, dich aus diesen Manipulationen zu befreien und zu dir selbst zu stehen. Du musst couragiert sein, wenn du deine Schuldgefühle loswerden willst. Du brauchst die Gewissheit, dass das, was du denkst und tust, für dich richtig ist, damit sich innere Stärke und Selbstvertrauen entwickeln können. Wenn du mit den Wölfen heulst, hast du es zwar einfacher, du bist aber dann nichts mehr, was sich selbst zum Ausdruck bringen kann. Du wirst zur „Laola-Welle". Wenn du aber der sein willst, der du bist und das leben möchtest was für dich bestimmt ist, dann begrüße ab sofort dein Schuldgefühl, so lange es noch da ist. Wisse in dem Moment, in dem du es wahrnimmst, dass du auf *deinem* Weg bist. Das schlechte Gewissen bestätigt dir also dein authentisches Handeln. Wenn andere dies in dem Moment als schlecht bewerten, hat das mit dir nichts zu tun.

Wie sähe wohl eine Welt aus, in der jeder seine Verantwortung für sich tragen würde? Wie fühlt sich diese Vorstellung an? Könnten da noch Schuldzuweisungen existieren? Ist das nicht enorm erleichternd und befreiend, wenn du weißt, dass du nicht für den anderen zuständig bist? Und das Paradoxe an der Selbstverantwortung ist, dass du dann viel eher den Wunsch hast, für den anderen da zu sein, wenn er in Not ist. Das hat eine völlig andere Qualität, weil diese Unterstützung aus der Freiheit kommt.

Außerdem kommt der Aspekt hinzu, dass du dich der natürlichen Entwicklung und Reifung des anderen in den Weg stellst, wenn du seine Verantwortung trägst. Wie soll er Selbstverantwortung lernen, wenn du sie ihm abnimmst? Du kannst es sowieso nicht allen recht machen, weil es immer jemanden geben wird, den du, während du dich um den anderen kümmerst, vernachlässigen musst. Aber vielleicht brauchst du ja das Lob und die Anerkennung der anderen? Schau dir also die ehrlichen Beweggründe deines Handelns an. Wenn du auf das Erfüllen von Gut-Sein-Durch-Helfen verzichten kannst, dann bist du raus aus der Nummer.

Seit ich eine kleine Tochter habe, leide ich unter Angstzuständen, Panikattacken und Schwindel. Mir ist gerade alles zuviel. Ich habe das Gefühl, dass mein Partner nicht ganz zu mir steht. Ich fühle Neid, wenn ich mich mit anderen vergleiche, weil ich so eingeschränkt bin. Früher war ich immer zuversichtlich, dass ich alles schaffe. Wie kann mein Vertrauen in mich wieder zurückkehren?

Du lebst im Widerstand zu dem was gerade ist und es gibt nur eine Lösung für deine Probleme, nämlich diesen Widerstand aufzugeben. Zum einen hast du deine neue Lebenssituation und Mutterrolle noch nicht angenommen und zum anderen blickst du in die Vergangenheit. Die Freiheit, die du damals gelebt hast, wird dir durch Freunde gespiegelt, die noch in dieser vermeintlichen Freiheit ohne Kindesverantwortung leben. Neid folgt dem Vergleich und das Gefühl von Verlust und Verzicht entsteht, wenn du siehst, was du für dein Kind aufgeben musstest. Obwohl du dein Kind sicher von Herzen liebst, gibst du ihm möglicherweise die Schuld daran, dass du nicht mehr frei bist. Schwindel kann entstehen, wenn du nicht zu dieser „unbewussten Wahrheit" stehst, wenn du dich also selbst beschwindelst und dir die Tatsache nicht eingestehen willst. Kleinkinder sind anspruchsvoll und fordern alles, weil sie völlig von dir abhängig sind. Sie haben gar keine andere Wahl. Als Mutter musst du dich voll und ganz dieser Tatsache stellen und bereit sein, sie liebend anzunehmen. Ist es möglich, dass du deinem Kind drei Jahre deines Lebens schenkst? Und dies vor dem Hintergrund, dass die Wahrscheinlichkeit groß ist, dass du 80 Jahre alt wirst und dir davon also 77 bleiben. Ist es also möglich, deinem Kind drei Jahre deine Aufmerksamkeit zu schenken, damit die Grundlage für sein Selbstertrauen gelegt werden kann? Ist es deinem Ego möglich, sich drei Jahre selbst nicht allzu wichtig zu nehmen?

Wende deinen Blick ab von all den Menschen, mit denen du dich momentan vergleichst, auch von deinem Partner. Er trägt seinen Teil dazu bei, indem er seine kleine Familie finanziell versorgt. Was auch immer du noch von ihm forderst wird wahrscheinlich aus dem Neid geboren. Sicher vollziehen sich in ihm ähnliche Prozesse. Mache aus dieser ganz natürlichen Phase kein Problem. Nimm die Veränderungen an, heiße die Eingrenzungen willkommen und spüre das Glück der Symbiose, die du für einige Zeit mit deinem Kind leben darfst.

Wenn du deine Energie von deinen Ego-Wünschen abziehst, erkennst du vielleicht den Sinn, den dieser kleine Mensch in dein Leben bringt. Du wirst an ihm wachsen, denn alles, was du deinem Kind schenkst, schenkst du dir selbst, auch wenn du das im Moment noch nicht sehen kannst. Verzicht und Rückzug ist heilsam und setzt Kräfte frei, weil du dich auf das Wesentliche konzentrierst. So wird Wachstum im Sinne von Reifung möglich. Wenn du deinen neidvollen Blick von der Außenwelt abziehst und das lebst, was jetzt von dir gelebt werden soll, wird Energie fließen, unaufhaltsam und dich in ein Vertrauen tragen, das alle Ängste verschwinden lässt.

Ich bin kopflastig und bewerte, obwohl ich esoterisch einiges gemacht habe (Geistheilung, schamanische Bewusstseinsarbeit, Familienaufstellung etc.). Mein Job kostet mich energetisch viel Kraft. Ich bin abends fertig. Was kann ich tun?

Gibt es da etwas wonach du suchst in der esoterischen Welt? Was erhoffst du zu finden? Worauf zielt deine Frage überhaupt ab? Suchst du nach etwas, das dir mehr Kraft für deine Arbeit gibt, damit sie dich nicht so auslaugt? Oder hast du das Gefühl, dass das gar nicht der richtige Job für dich ist? Wonach auch immer du suchst, du suchst an der falschen Stelle. Nichts im Außen kann dir sagen wer du bist und wie du dich selbst optimal leben kannst. Alles was du dort versucht hast, mag dir Erkenntnisse gebracht haben. Aber hast du dich auch in der Tiefe mit ihnen auseinandergesetzt? Hast du zwischendurch einmal inne gehalten und versucht deine eigene Wahrheit zu fühlen? Oder warst du bei all diesen Seminaren und Zusammenkünften mehr damit beschäftigt, das was dort geschah zu bewerten? Möglicherweise hast du auch parallel zum Geschehen hinterfragt, ob das, was dort ablief, richtig ist oder tatsächlich eine Wirkung haben kann. Vielleicht hast du dabei sogar mehr auf das Erleben der anderen Teilnehmer geachtet und warst heimlich am Vergleichen. Mag sein, dass dich das Ganze am Ende mehr ermüdet und verunsichert, als dass es dir Einsicht und Erleichterung bringen kann. Könnte es vielleicht auch möglich sein, dass dies die Ursache dafür ist, dass dir die Konzentration und Energie für deine Arbeit fehlt? Es kostet dich nämlich ziemlich viel Kraft, wenn du deine Aufmerksamkeit auf andere richtest und dein Verstand im Hintergrund permanent am Bewerten ist, anstatt bewusst bei dir selbst zu sein. Wenn du deine Energie auf diese Weise nach außen verschwendest, brauchst du dich nicht zu wundern, wenn für das Wesentliche nichts mehr bleibt. Richte deine Aufmerksamkeit auf das, was gerade *in dir* geschieht und konzentriere dich auf das, was du selbst wirken willst. So funktionierst du fließend ohne Kraftaufwand und Energieverlust.

Überprüfe ehrlich, mit welcher Einstellung du zur Arbeit gehst. Ist da Enthusiasmus, Freude oder wenigstens Bereitwilligkeit? Tust du das was du tust im Grunde gerne oder ist da Widerwille? Ist dir langweilig oder bist du überfordert?

Lehnst du deinen Job ab und bist im Widerstand (der größte Energiekiller)? Wenn ja, liegt es entweder daran, dass der Job nicht der richtige für dich ist, weil er nicht deiner natürlichen Anlage entspricht oder dass deine Einstellung zu ihm nicht stimmt. Bedeutet dein gesamter esoterischer Aufwand möglicherweise Flucht? Wovor, weshalb oder woraus könntest du flüchten?

Halte an und lasse jede Suche im Außen los - kein Seminar, keinen Kurs und keine sonstigen Konzepte mehr. Richte dir Rückzugszeiten ein und lasse deinen Geist zur Ruhe kommen. Du bist bereits lange genug vor dir selbst und deiner Wahrheit weggelaufen. Übe dich ein wenig in der Stille, meditiere im Sitzen oder liege einfach bequem und entspannt auf dem Sofa. Lasse deinen Atem fließen und beobachte sein Kommen und Gehen ohne einzuwirken. Richte dann die Frage, was dich so müde macht, in dein Inneres und suche nach der Ursache deines Energieverlustes. Oder vielleicht möchtest du auch dem Fluchtgedanken auf die Spur kommen und die Esoterik hinterfragen. Formuliere deine Fragen so wie es dir entspricht. Die Antwort kommt wahrscheinlich leise über einen Gedanken oder ein Gefühl. Sollte keine Antwort auftauchen, dann übe dich darin, das Gefühl von Leere auszuhalten, wenn es sich zeigt. Stelle dich allen Eindrücken und Emotionen, die aufsteigen wollen und entleere so deinen Geist, damit deine Energie wieder frei durch dich fließen kann.

Ich war bereits vor einigen Jahren wegen Burnout in einer Reha und bin gerade das zweite Mal entlassen worden. Ich gehe immer über meine Grenzen hinweg, weil ich möchte, dass es allen gut geht. Wie kann ich endlich bei mir selbst ankommen und die sein, die ich wirklich bin?

Deine Frage lässt sich ganz leicht mit deinen eigenen Worten beantworten: Du kannst dann bei dir selbst sein, wenn du deine Grenzen respektierst und auf dein eigenes Wohl achtest. Lass dir nicht einreden, dass das egoistisch sei; es bedeutet lediglich, Selbstverantwortung zu tragen. Wenn dies jeder für sich täte, würde keine Notwendigkeit bestehen, sich um den anderen zu kümmern. Erwartungen, Forderungen oder Wünsche nach Ausgleich würden sich im Nichts auflösen, womit vielen Konflikten die Basis entzogen wäre. Wenn du deine wahre Natur lebst, befindest du dich automatisch innerhalb deiner natürlichen Wesens-Grenze. Das bedeutet wahrhaftig und authentisch zu sein. Dazu gehört auch, dass du den Mut hast ehrlich „nein" zu sagen, ohne die bange Frage, was die anderen von dir halten könnten. So wirst du frei von den unbewussten zwischenmenschlichen und gesellschaftlichen Normen und dogmatischen Überzeugungen, die dich aus deiner natürlichen Grenze herausmanipulieren wollen.

Dir selbst treu zu sein bedeutet, dich ganz deiner inneren Führung (Intuition) anzuvertrauen. So gestaltest du dein Leben aus dir heraus, anstatt von der Außenwelt gestaltet zu werden. Als ein Gemeinschaftswesen achtest du die Wesens-Grenzen deiner Mitmenschen ebenso wie deine eigenen. Wenn du aus deinem Inneren heraus agierst, kann es automatisch mit der Außenwelt keine Probleme geben, weil du immer kongruent handelst und die notwendige Anpassung so ganz natürlich mit deiner Einstellung des Gebens fließen kann.

Für andere nützlich zu sein ist ein Geschenk, wenn dein Geben kein Nehmen zum Ausgleich will. Schaue dir ehrlich an, warum du glaubst, dafür sorgen zu müssen, dass es allen gut geht. Wieso solltest ausgerechnet du dich darum kümmern müssen? Glaubst du, die anderen können es nicht selbst? Oder machen sie es vielleicht nicht richtig oder nicht deinen Vorstellungen gemäß? Was geschieht mit dir, wenn du dich nicht kümmerst? Welchen Lohn gibt dir dein Kümmern? Sieh deine Beweggründe und das, was du für dein Kümmern bekommst. Möglicherweise stellst du fest, dass niemand wirklich etwas von dir verlangt; und so kann dich auch keiner davon abhalten, bei dir selbst zu sein, außer dir. Hast du vielleicht Angst, herauszufinden wer du wirklich bist? Was würdest du tun, wenn du es wüsstest? Würde sich dadurch etwas verändern? Es kann gut sein, dass du hier ein Potential findest, das gelebt werden möchte.

Ich bin immer wieder unzufrieden im Job und suche nach Veränderungen, die ich aber nicht umetze. Meine Kollegin nervt mich, weil sie mir immer wieder aufzeigt, was ich falsch mache. Meinem Chef kann ich nichts recht machen und ich muss mich immer rechtfertigen. Wie komme ich aus diesen depressiven Phasen?

Offenbar bist du blockiert. Du weißt zwar, dass dir dein Job und manche Menschen darin nicht gefallen, kannst dir aber auch nicht wirklich eine Lösung vorstellen. Da ist entweder ein wenig Bequemlichkeit im Spiel oder das Leben möchte dich in eine Wahrheit zwingen, die du bisher noch nicht sehen willst. Weshalb sonst sollte deine Kollegin dir immer wieder deine Fehler unter die Nase halten? Warum lernst du nicht aus den Dingen, die schief gehen; bist du nicht achtsam genug bei der Sache oder handelst du ein wenig oberflächlich? Vielleicht möchtest du aber auch das Idealbild, das du von dir hast, nicht zerstören? Fehler sind etwas Gutes, denn sie bringen Wahrheit zutage und bieten so die Möglichkeit zur Korrektur oder Erkenntnis. Deine Kollegin hat die unangenehme Aufgabe übernommen, dir deine Unvollkommenheit immer wieder zu spiegeln. Und wahrscheinlich werden noch weitere Leute in deinem Leben auftauchen, über die du dich ärgerst, bis du bereit bist, dich dem zu stellen, was sie dir zeigen. Schau dir an, was du deinem Chef nicht recht machen kannst. Gehst du hier vielleicht in den trotzigen Widerstand eines Kleinkindes und rechtfertigst dich für deine Unperfektion, weil du nicht zu ihr stehen kannst?

Deine depressiven Phasen zeigen an, dass du dich mit Kritik nicht auseinandersetzen möchtest und so in deinen Projektionen stecken bleibst. Du sprichst die anderen dafür schuldig, dass die Dinge in deiner Arbeit nicht perfekt laufen. Um diesen Kreislauf unterbrechen zu können musst du genau hin schauen und ehrlich zu dir sein. Ist die eine oder andere Kritik deiner Kollegin oder deines Chefs möglicherweise gerechtfertigt? Neigst du zur Bequemlichkeit und Oberflächlichkeit? Wiederholst du Fehler, weil du nicht zu ihnen stehst? Was ist so schlimm daran, nicht perfekt zu sein? Wie sieht das Bild aus, dem du entsprechen möchtest und bist das wirklich du?

Wenn du vor der Realität deines So-Seins flüchtest, wird dich auch ein neuer Job nicht in die Zufriedenheit bringen; und weil etwas in dir diese Wahrheit bereits erkannt hat, bist du auch noch nicht ernsthaft auf die Suche gegangen. Bleibe bei diesem Körnchen Wahrheit und lasse es wachsen.

Unsere Beziehung ist seit ein paar Jahren mit Spannungen belastet, weil meine Frau sich mit spirituellen Themen befasst und von mir den gleichen Weg verlangt. Dabei ist sie manchmal selbst nicht konsequent. Darüber hinaus macht unser Sohn mittlerweile was er will. Wie kann ich mich behaupten und für mich Ordnung schaffen?

Bist du sicher, dass die Ursache eurer Spannungen lediglich in der Spiritualität zu finden ist, die eure Beziehung seit einiger Zeit zu spalten scheint? Gingen eure Wege vor dem spirituellen Interesse deiner Frau tatsächlich in die gleiche Richtung? Entsteht dein Druck durch die Spiritualität als solche oder durch die Art, wie deine Frau sie auslebt? Wird die Spiritualität vielleicht zum Übeltäter eurer beziehungstechnischen Schieflage gemacht? Kann der eine vom anderen wirklich verlangen, das gleiche Interesse teilen zu müssen? Wo ist da die Freiheit, die eine richtig verstandene Spiritualität schenken will?

Es scheint so zu sein, dass die spirituellen Erfahrungen deiner Frau dich unter Druck setzen, so dass ihr nicht (mehr) auf einer Ebene agiert. Die Frage ist, ob sich diese Dominanzen mit der Zeit eingeschlichen oder schon immer existiert haben. Dass du überhaupt den Wunsch danach hast, dich behaupten zu lernen, unterstützt eher Letzteres. Es ist zu vermuten, dass schon immer ein gewisses „Gefälle" bestand und die Spiritualität jetzt sozusagen als Alibi herangezogen wird. Wahrscheinlich hast du noch nicht erkannt, dass möglicherweise auf sehr subtile Weise Macht über dich ausgeübt wird und das vermutlich nicht nur durch deine Frau. Dass dir mittlerweile auch noch dein Sohn auf der Nase herum tanzt, soll diese Tatsache verstärken, damit du sie klarer sehen kannst. Der Konflikt mit deiner Frau reichte scheinbar noch nicht aus, um dir deiner eher devoten Konditionierung bewusst zu werden. Da kommt nun „Unterstützung" durch das respektlose Auftreten deines Sohnes, das dich nun zusätzlich dazu herausfordert, dich selbst zu behaupten und klare Position zu beziehen. Er verschärft die Situation durch sein provokantes Verhalten, das dich reizen und an deine Grenze führen soll, damit du aufwachst.

Bisher hast du diesen Aspekt deiner Persönlichkeit nicht sehen wollen und abgewehrt, damit deine heile Welt nicht gestört werden kann und du nicht handeln musst. Doch nun ist es offensichtlich an der Zeit, dich mit dem Thema „Durchsetzung" zu befassen und zu lernen in Konflikte zu gehen und für dein So-Sein einzustehen. Wenn du dazu bereit bist, kannst du tatsächlich erkennen, dass derzeit alles zu deinem Besten geschieht. Du hast hier gleich zwei Sparringspartner, die dir beibringen wollen „nein" zu sagen. Wenn du Frau und Sohn quasi als deine Lehrer auf deinem Weg zur Selbstbehauptung betrachten kannst gelingt es dir vielleicht, mit einem Stück Humor an die Sache zu gehen. Was dann passiert, wenn du für dich kongruent und integer bist, wirst du dann sehen. Entweder die Beziehung hat sich dann „gesund gestoßen" oder sich überlebt – es wird beides für dich in Ordnung sein, so wie es dann ist.

Meine Gedanken drehen sich im Kreis. Ich bin blockiert und stehe mir selbst im Weg. Wie kann ich Klarheit über mich bekommen?

Du hast bereits selbst herausgefunden, dass du dir im Weg stehst, weil deine Gedanken dich blockieren. Um aus dem Gedankenkarussell aussteigen zu können, musst du zuvor anhalten, was Loslassen bedeutet. Du kannst keinen Überblick gewinnen, so lange du dich mit der Spirale drehst (das gilt für jede Art von Stress). Klarheit kann nur dann auftauchen, wenn Stille herrscht und der Geist ruhig ist. Das bedeutet, dass du allem voran aufhörst dich gedanklich zu fragen, wie du das Karussell stoppen kannst, was Nicht-Denken wäre. Eine Möglichkeit hierzu bietet die Meditation oder jede andere Weise, mit der du dich auf das Spüren deines Körpers ausrichten kannst. Da sich Denken und Fühlen gegenseitig ausschließen, bist du ergo während des Fühlens ohne Gedanken.

Das sind also Phasen der Gedankenleere, die du meditativ in dir selbst hervorrufen kannst, indem du dich in eine Situation entspannst, die in diesem Moment für dich stimmig ist. Verfolge entweder deine Atemzüge achtsam oder wenn du möchtest, kannst du sie auch zählen, bist der Atem ruhig und gleichmäßig geht. Suche dir dann eines oder verschiedene Körperteile aus, auf die du dein Bewusstsein lenkst (Hände, Bauch, Herzraum). Das intensive Wahrnehmen deines Körpers führt dich in die Tiefe deiner Existenz. Mit der Zeit kannst du förmlich spüren, wie dein Inneres pulsiert. Du bist dann ganz in deiner eigenen Lebendigkeit, was deinen Geist stärkt und deinen Organismus heilt. Du fühlst, dass alles in dir vollkommen ohne Denken funktioniert und gewinnst das Vertrauen, dass sich auch die Lösung deines Problems aus dir heraus zeigt, ohne dass sich dein Verstand einmischen muss. Die Blockade löst sich, weil du weißt, dass die Antwort, die du suchst, aus deinem Inneren auftauchen wird, sobald der richtige Zeitpunkt dafür gekommen ist.

Wie kann ich eingreifen, wenn eine Situation dies erfordert oder schlichtend Stellung beziehen, ohne dabei abzuwerten oder den Schuldigen innerlich zu verurteilen und vielleicht auch mich im Stillem im Gegenzug dazu aufzuwerten?

Ist es denn tatsächlich erforderlich, dass du eingreifst oder schlichtest bzw. nach welchen Kriterien entscheidest du, dass ein Eingreifen wirklich notwendig ist? Es kann immer nur deine subjektive Sicht sein, dein Ego, das von dir verlangt, die Rolle des Retters oder Schlichters zu spielen. Und da das Ego nichts ohne Eigeninteresse tut, solltest du dir den Nutzen anschauen, den es sich aus der Schlichtung zieht. Du hast das im Grunde schon erkannt, weil es bereits in deiner Frage steht: Das Ego gewinnt eine gewisse Aufwertung, wenn es sich als Richter über andere erheben kann, indem es verurteilt und schuldig spricht. Dabei geht es davon aus, dass es Recht hat und alle anderen unrecht.

Selbst als Mutter, der die Rolle der Mediatorin per se gegeben ist, solltest du dir jeweils die Frage stellen, ob dein Einwirken in einen Streit tatsächlich notwendig ist, denn schlussendlich müssen auch Kinder lernen sich durchzusetzen oder Frustrationen auszuhalten. So lange die Kinder dich nicht um Hilfe bitten, brauchst du nicht einzugreifen. Vertraue darauf, dass sie die grundsätzliche Anlage in sich tragen, mit dem anderen möglichst im Frieden zu sein. Du kannst das daran erkennen, dass Kinder kurz nachdem sie sich heftig gestritten haben schnell wieder miteinander versöhnt sind. Das Nachtragen ist eher den Erwachsenen vorbehalten. Streit ist nicht grundsätzlich falsch und Schlichten nicht grundsätzlich richtig. Woher weißt du im entsprechenden Moment, ob dein Eingreifen Sinn macht? Kannst du es denn aushalten, nicht einzugreifen? Was passiert, wenn du es sein lässt? Ist es vielleicht so, dass du es bist, der Streit und Missstimmung nicht ertragen kann und sich deshalb zwingend einmischen muss?

Und wie kannst du einen Streitfall fair bewerten, an dessen Entstehung du nicht teilgenommen hast? Wenn zwei miteinander streiten, kann es keinen Täter und kein Opfer geben oder keinen Unschuldigen und Schuldigen. Wie in jedem Konflikt trägt auch im kindlichen Streit jeder seinen Teil bei. Und wenn du bewertest, dann kann das immer nur dein subjektiver Maßstab sein. Es ist deine Moral, deine Sicht, die du dann, zumindest innerlich, dem vermeintlich Schuldigen überstülpst. Dich dann selbst nach deinem Maßstab als den Guten zu sehen, als denjenigen, der die Dinge richtiger macht oder besser oder moralisch wertvoller, bedeutet, dich über den anderen zu stellen, dich zu erhöhen. Die Frage ist, ob du (dein Ego) diese Erhöhung braucht und wenn ja, wozu?

Kann ich etwas ändern, wenn ich das, was ich ändern soll, für richtig halte?

Was sollte es für einen Sinn machen, etwas zu ändern, was du gar nicht ändern willst. Das wäre ein unsinniges Unterfangen, um nicht zu sagen, eine Idiotie. Wenn du etwas für richtig hältst, kann es unmöglich sein, dass *du* es verändern möchtest. Mit *du* ist dein So-Sein gemeint, deine innere Wahrheit. Es kann also nur das Ego sein, dass eine vermeintliche Verbesserung anstrebt und deinem So-Sein zuwider entscheiden will oder es ist die (projizierte) Außenwelt, die Gesellschaft, die Moral oder die Autoritäten, denen du dich „untertänig" fühlst. Was du dir anschauen solltest ist die Motivation, die der erzwungenen Veränderung zugrunde liegt. Wer hat etwas davon, wenn sie eintritt? Und wer würde möglicherweise darunter leiden? Dein So-Sein kann den Wunsch nicht haben, also weshalb dann? Wo, durch wen oder was fühlst du dich gezwungen, etwas zu verändern? Warum lässt du dich irritieren? Bist du nicht wirklich sicher, ob das richtig ist, was du für richtig hältst? Hast du das Gefühl, dass andere mehr wissen als du oder dir überlegen sind? Was wäre so schlimm daran, wenn du etwas tätest, was (einer anderen Meinung nach) nicht richtig ist? Nichts was aus dir heraus entsteht kann falsch sein. Wenn du es aushältst, für andere „nicht richtig zu liegen", dann wirst du erkennen, dass es „Falsch" und „Richtig" überhaupt nicht gibt. Du allein bist der Bestimmer deiner Realität, in die die Außenwelt nicht wirklich eingreifen kann, wenn du das nicht zulässt bzw. dieser nicht entsprechen willst.

Wenn ein Mensch mit sich im Reinen ist (zufrieden und glücklich), welchen Sinn macht dann noch eine Beziehung?

Aus deiner Frage ist herauszulesen, dass du einer Beziehung offenbar den Sinn gibst, dich zufrieden und glücklich zu machen. Wenn du bereits glücklich und zufrieden bist, dieses Ziel also schon erreicht ist, dann würde eine Beziehung somit tatsächlich keinen Sinn mehr machen. Sie könnte vielleicht deine bereits existierende Zufriedenheit verstärken (oder auch nicht). Wäre dein Beziehungssinn ein anderer, zum Beispiel an einer Beziehung zu wachsen (was nicht immer Glück bedeutet), dann hätte eine Beziehung noch Sinn, auch wenn du bereits ohne sie schon zufrieden und glücklich bist. Ob eine Beziehung für dich noch Sinn macht, hängt also individuell von dem Sinn ab, den du einer Beziehung gibst. Das ist völlig subjektiv und kann sich wahrscheinlich im Laufe deines Lebens ändern.

Wenn eine Beziehung dich glücklich und zufrieden machen soll, wird sie automatisch belastet mit Forderungen und Erwartungen, weil du deine Wünsche nach Glück und Zufriedenheit auf deinen Partner projizierst und so das Ganze von ihm abhängig machst. Sinn trägt eine gewisse Zweckhaftigkeit in sich und weil Liebe ohne Zweck und Motiv ist, würde es sich vielleicht lohnen, wenn du dich mit folgender Frage auseinandersetzen würdest, wenn du magst: „Kann eine Beziehung ganz ohne Sinn und Zweck möglich sein?

Wenn mich ein Unrecht auf die Palme bringt, wie kann ich mich dann wieder distanzieren?

In deiner Frage steckt die Antwort: Indem du tatsächlich in die Distanz gehst – jedoch nicht im Hinblick auf das Geschehen, sondern in Bezug auf deine diesbezügliche Wertung. Worauf basiert dein Recht über andere zu richten? Bist du überhaupt in der Lage zu differenzieren was Recht und Unrecht ist? Erkennst du die wahrhaftige Ursache, die sich unterhalb des Sichtbaren versteckt? Sind dir alle Ebenen des menschlichen Seins bekannt? Hast du die All-Sicht? Sobald die Gedanken von Recht und Unrecht in dir entstehen, befindest du dich in der Wertung, die in dieser bipolaren Welt des Guten und Schlechten existiert. Aber genau hierin drückt sich die Illusion aus, aus der sich der bewusste Mensch befreien möchte. Weil du als unbewusster Mensch nicht hinter die Kulissen blicken kannst, erkennst du auch nicht, dass es ein „richtig oder falsch sein" überhaupt nicht gibt.

Wenn du dich darauf verlässt, dass alles was geschieht nach dem „universellen" Prinzip so sein soll, dann entfällt jedes „irdische" Richten. Vertraue darauf, dass die Weltordnung gerecht und fair ist, eben weil sie nicht im Sinne eines Gerichts schuldig spricht, sondern nach dem Prinzip der Harmonie funktioniert. Der Ausgleich geschieht, so oder so, weil das die Basis dieser bipolaren Welt ist – du musst dich nicht einmischen.

Ich versuche achtsam zu sein, gerate aber schnell aus der Fassung, bin leicht beeinflussbar und weiß nicht was ich will. Wie kann ich das Gefühl von Leere, dass da etwas fehlt, loswerden?

Deine Achtsamkeit hat dich zu dieser Leere geführt. Jetzt geht es darum, in dieser Leere zu bleiben, nicht vor ihr zu fliehen, sie nicht mit Aktivitäten zu füllen. Deinem Ego gefällt diese Leere nicht und so schickt es dir das Gefühl des Mangels. Schaue nicht nach außen, denn niemand kann dir etwas dazu sagen. Bleibe in dieser Leere, halte sie aus und du wirst entdecken, dass sie gleichsam Fülle ist; die Quelle des Entstehens aller Dinge. Wenn du sie wahrnimmst, dann weißt du, dass dein Ego überflüssig ist und davor hat es Angst. Es will nicht, dass du seine Kleinheit und Begrenztheit entdeckst. So schickt es dir Unbehagen, wann immer du seiner Gefängnismauern gewahr wirst, um deinen „Ausbruch" zu verhindern. Wenn du das Ego durch das Aushalten der Leere entmachtet hast, kannst du entdecken, dass die Leere selbst die Freude des Lebens ist, was äußere Dinge unwichtig macht. Du kannst sie nutzen, wenn du willst, du bist jedoch nicht mehr von ihnen abhängig, weil kein Gefühl des Mangels mehr in dir lebt. So können dich auch Einflüsse von außen nicht mehr verwirren. Das Wahrnehmen der Leere schenkt dir Energie und richtet dich ganz natürlich auf das aus, was du bist und das bringt automatisch Stabilität mit sich. Antworten kommen aus deinem Inneren, wenn du sie brauchst.

Ich würde mich gerne weiter entwickeln, ein besserer Mensch werden, aber trotz spiritueller Werte ein westliches Leben führen wollen. Wie kann ich das erreichen?

Was bedeutet „Weiterentwicklung" für dich und was bist du dann, wenn du ein besserer Mensch geworden bist? Misst du dieses Besser-Sein etwa an spirituellen Werten östlicher Kulturen und worauf müsstest du im Gegensatz zu den westlichen verzichten, die du befürchtest aufgeben zu müssen, um deinem Ideal zu entsprechen? Jedes Erreichen-Wollen ist Ego-Verlangen das dir einredet, dass das was ist nicht reicht. Wenn du diesem nachgibst bleibst du in der Schleife des fortwährenden Nicht-Richtig-Seins hängen.

Ich habe eine gute Nachricht für dich: *Du musst gar nichts tun, weil es nichts zu erreichen gibt.* Was bleibt ist lediglich ein „Lassen", einfach die Dinge Sein-Lassen. Ge-Lassen-Heit entsteht, wenn du den Vergleich aufgibst, so dass kein Bewerten mehr zwischen dir und dem Ideal stattfinden kann, weil es keines mehr gibt. Die Kluft zwischen Gut und Schlecht, Richtig und Falsch (Ost und West) wird dadurch geschlossen. Intoleranzen und Unzufriedenheiten, die auf Vergleich basieren, verdunkeln deinen Geist und du beginnst dich mit dem was ist nicht mehr wohl zu fühlen. Mit dem Loslassen jeglicher Bewertung stellt sich automatisch Toleranz ein. Damit wird alles wertfrei, grenzüberschreitend bzw. verbindend. Aus dieser Ganzheit heraus kannst du alles tun was du möchtest. So entsteht eine Freude in dir, die die Basis für Mitgefühl bildet. Das ist alles, was du brauchst, um ein „guter Mensch" zu sein.

Wie kann ich zu mir selbst finden, um zu erkennen, was ich wirklich will?

Über deinen Ego-Verstand kannst du dich nicht finden, denn die Gedanken sind begrenzt und drehen sich ab einem gewissen Punkt nur noch um sich selbst. Ich übrigen will der Ego-Verstand auch gar nicht, dass du dein eigentliches Wesen entdeckst, denn damit würde er seine autoritäre Stellung verlieren. Das was du in diesem Leben zum Ausdruck bringen sollst liegt jenseits der Gedanken. Du kannst es nur fühlen oder intensiver als Sehnsucht wahrnehmen, die dich in eine bestimmte Richtung zieht. Damit das geschehen kann, musst du zuerst zur Ruhe kommen. Das ist möglich, wenn du die Frage, was du eigentlich willst, loslässt, so als wäre sie gerade nicht wichtig. Sobald du das Verlangen nach einer Antwort bzw. Lösung eingestellt hast, beginnt dein Kopf sich zu entleeren. In der dadurch entstehenden geistigen Stille kann dann die Wahrheit als Ahnung, Sehnsucht oder Idee in dir aufsteigen.

Die Stille ist das Gegenteil von Ablenkung. Wenn du sie nicht gewohnt bist, solltest du lernen sie auszuhalten, was dir anfangs möglicherweise nicht leicht fällt. Vielleicht entstehen auch unangenehme Gefühle, die du jedoch als Abwehrmechanismen entlarven kannst. Beginne mit kurzen zeitlichen Sequenzen des Rückzugs, die sich dann ausdehnen lassen. Das kann in einer täglichen Meditation geschehen oder auch bei einem Spaziergang durch die Natur. Wenn du dabei intensiv schaust und deine Umgebung bewusst wahrnimmst, wird das Denken automatisch weniger. Steigt eine Ahnung in dir auf, dann folge ihrer Spur, ohne etwas Großes zu erwarten; vielleicht sind da nur kleine Ideen, Vorstellungen oder Gefühle.

Bei all dem sollst du wissen, dass das Leben dich führt. Und wenn es so ist, dass du momentan keine Vorstellung hast, dann kann das möglicherweise bedeuten, dass du gerade eine kleine Pause machen sollst. Vielleicht warst du in der letzten Zeit sehr produktiv und eine Regeneration würde dir gut tun? Überlasse dich dem Großen-Ganzen, denn es weiß, was (nicht) zu tun ist.

Wie kann ich Lob annehmen, das persönlich gemeint ist, ohne dass sich mein Ego so aufplustert?

Warum solltest du dich nicht über Lob freuen dürfen? Es ist doch wunderbar, wenn dir Menschen rückmelden, dass das, was du getan hast, für sie etwas Schönes oder Wertvolles war. Da du nur als Person in dieser Welt agieren kannst, kann auch das Lob nicht anders als persönlich sein; das ist nicht zu ändern. Alles was von außen kommt, kannst du nicht verhindern und sollst es auch nicht, weil es dir als Spiegelfunktion dient. Worum es jedoch geht, ist die Identifikation, ob du dich also mit dieser Person (Ego), die dieses Lob erhält, identifizierst und dich dadurch im Vergleich zu anderen aufwertest.

Wenn du in der Neutralität deines wahren Wesens bleibst, kann weder Lob dich vergrößern, noch Kritik dich verkleinern (als Kehrseite der Medaille). Dass du dich im ersten Moment über Kritik nicht freust ist menschlich. Doch wenn du erkennst, dass dich Kritik mit deinem Schatten in Verbindung bringt und dir so (vielleicht sogar mehr als Lob) nützlich sein kann, wirst du auch ihr gegenüber Neutralität üben können oder dich gar über sie freuen (im Fortgeschrittenen-Stadium).

Nimm dieses Ego, das glaubt eine Person zu sein, nicht so wichtig und distanziere dich von seinen Emotionen. Wenn du zutiefst erkennen darfst, dass es diese Person nicht wirklich gibt, sondern dass etwas in dieser Person alle Wirkungen hervorruft, dann ist Neutralität nicht mehr schwierig, weil du dich durch diese Erkenntnis automatisch im Zustand von Demut und Dankbarkeit befindest. Im übrigen ist Freude das grundlegende Gefühl des Lebens, die Basis die dich trägt, die Quelle, aus der alle Kreativität und Lebenskraft entspringt. Und diese Freude, die in dir selbst oder aus dir heraus entsteht, ist völlig unabhängig von äußeren Faktoren. Das bedeutet, dass du nichts im Außen jemals brauchst um in deiner (Lebens-)Freude zu sein - auch kein Lob.

Ich stelle mir spirituell betrachtet die Frage warum ich hier bin, mache mir Gedanken über mein bisheriges Leben und meine Zukunft. Ich habe Angst, etwas nicht zu schaffen oder zu verpassen. Manchmal nutze ich leichte Drogen, um mich positiv ausrichten zu können. Wie kann ich diesen Druck loswerden?

Es ist nichts Falsches daran, wenn du dich hinterfragst und deine Handlungen reflektierst, denn in der Tat macht es Sinn, deine Konditionierungen aufzudecken, um dich aus ihnen befreien zu können, damit du in deinem So-Sein ankommen kannst. Du musst nur aufpassen, dass du dich dabei nicht im emotionalen Netz verlierst, welches das Ego um dich spannt, um dich unter Kontrolle zu halten. Der direkte Weg zur „Befreiung" ist laut Ramana Maharshi (hoch angesehener indischer Guru) die Beschäftigung mit der Frage „(Wer) bin ich?". Seiner Aussage nach soll dich diese Frage durch das verwirrte Ego hindurch zu deinem Ursprung führen, ohne dass du dabei weitere Dinge hinterfragen müsstest (sie zeigen sich sowieso von alleine, wenn du ernsthaft bei der Sache bist).

Die eher wissenschaftliche Auseinandersetzung mit der Frage weshalb du hier bist und was die Zukunft bringen wird, ist allerdings im Grunde reine Zeitverschwendung. Weder wird die Wissenschaft jemals das Geheimnis der Schöpfung durch „äußere" Untersuchungen aufdecken können (jede These bleibt Theorie), noch wird es dir möglich sein, in die Zukunft zu blicken, weil sie überhaupt nicht existiert; das einzige, was wahr ist, ist dein So-Sein im Jetzt. Du musst den Sinn nicht suchen, weil er bereits da ist – du bist es: das individuelle Leben, das sich aus dir heraus entfalten will. Und das Sich-Ergeben in ALLES-WAS-IST, ist möglicherweise der „übergeordnete" Sinn jeder materiellen Form; die Hingabe an das eine Leben, das durch alles fließt und alles ist. Deine Fragen ergeben sich dadurch im Nichts, weil nichts weiter gewusst werden kann, als das zu leben, was du bist.

Was deine Angst anbetrifft, so erschaffst du sie selbst durch das Denken an etwas was nicht existiert und vielleicht auch niemals existieren wird. Der fiktive Zeitraum zwischen Gegenwart und (erfundener) Zukunft schafft Unsicherheit, die die Ursache deiner Angst ist. Wenn du auf etwas hinarbeiten, also etwas Bestimmtes erreichen möchtest, dann kannst du das immer nur aus dem jetzigen Moment tun; denn das was du jetzt denkst und tust ist das was kommt. All das, was du also im Jetzt selbstverantwortlich wirkst trägt den Keim dessen was kommt in sich. Das bewusst gelebt, löst den unsicheren Zeitraum auf.

Wenn du Angst hast, etwas nicht zu schaffen, dann nur deshalb, weil du *denkst*, dass du etwas nicht schaffst, weil du es dir *vorstellst* (Maya). Wenn du Angst hast, etwas zu verpassen, dann nur deshalb, weil du *denkst*, dass dir eine Zeit davonlaufen könnte, die es gar nicht gibt. Hinter diesen Gedanken versteckt sich auch die Maßlosigkeit des Egos, das nie genug bekommen kann. Wenn du Drogen nutzt, dann korrumpierst du dich selbst: Anstatt bewusster zu werden und zu erwachen, lässt du dich durch die Drogen tiefer in die Unbewusstheit sinken.

Lasse einfach einmal alles los. Du musst dich weder zu einer positiven Ausrichtung zwingen, noch dein gesamtes Leben hinterfragen oder in die Zukunft schauen wollen. Übe dich stattdessen in der Hingabe an das Leben. Wenn du die Dinge geschehen lässt, wie sie zu dir kommen, wird der Druck verschwinden. Dein Leben wird sich dann leicht anfühlen, weil du merkst, dass du gar nicht viel brauchst, um zufrieden und gelassen zu sein. Das Maß reguliert sich von selbst, die Gedanken beruhigen sich, das Ego verliert seine Macht und die Drogen werden überflüssig, weil dich die Freude trägt.

Wie kann ich wissen, ob die Sehnsucht, die ich spüre, meine eigene ist und nicht die des anderen?

Hier macht vorab eine Differenzierung zwischen Wunsch und Sehnsucht Sinn. Der Unterschied zwischen beiden liegt hauptsächlich in der Tatsache, dass Wünsche von außen beeinflussbar sind, Sehnsucht jedoch nicht. Wenn du dir also unsicher bist, ob du einem anderen folgst, so kann es sich nur um Wünsche oder Ziele handeln, aber niemals um Sehnsucht. Schau dir einmal näher an, weshalb du dies verwechselst. Wie kann es geschehen, dass du dazu neigst, dich von der Außenwelt beeinflussen zu lassen? Hast du ein stabiles Gefühl für dich selbst oder bist du dir deiner eigenen Vorstellungen und Ideen unsicher? Hast du überhaupt welche? Durchaus kommt es nicht selten vor, dass in Beziehungen einer der Partner den aktiveren (dominanteren) Part übernimmt, während der andere eher passiv folgt, weil er entweder gelernt hat folgsam zu sein oder weil er ein wenig träge ist und sich gerne mitziehen lässt.

Klarheit darüber, ob es sich jeweils um deine eigenen Wünsche und Ziele handelt oder ob du diese vom Partner übernommen hast, zeigt dir dein (innerer) Widerstand (Aggression): Ist er vorhanden, sind es nicht deine Wünsche; ist er abwesend, tust du es zumindest gerne oder stimmst überein. Letzteres bedeutet, dass du dann diese Frage wahrscheinlich nicht stellen würdest. Allerdings ist zu berücksichtigen, dass sich Ziele, Wünsche und Bedürfnisse im Laufe des Lebens immer wieder wandeln können. Die Vorstellung, die du heute hast, kann in zwei Jahren oder bereits morgen wieder obsolet sein, weil das Leben nicht statisch ist. Alles fließt, weshalb sich fortwährend Umstände, Möglichkeiten, Situationen und Wünsche verändern können.

Mit der Sehnsucht gestaltet es sich ein wenig anders. Zwar kann sie sich ebenso phasenweise verändern, behält dabei jedoch ihre intrinsische Ausrichtung. Während Vorstellungen über deine Sinne entstehen, weil sie im Außen etwas wahrnehmen oder vergleichen (Ego-Verstand/Haben-Wollen), ist bei der Sehnsucht das Gegenteil der Fall: Sie kommt von innen und ist die „leise Stimme" deines So-Seins. Da ist kein Wollen, sondern eher ein Ziehen und Sehnen nach etwas, was du oft gar nicht mit Worten benennen kannst. Die Sehnsucht wurzelt im Sein und ist völlig unabhängig vom Ego-Verstand. Sie wird oft nebulös als leise Ahnung wahrgenommen und kann dann so intensiv werden, dass es fast schmerzt. Sie verweist auf das jeweils angelegte „Programm" des einzelnen Menschen, also auf das, was individuell von ihm gelebt werden soll. Von daher ist es unmöglich, die Sehnsucht eines anderen zu übernehmen bzw. zu leben. Mag sein, dass deine Sehnsucht mit der eines anderen Menschen ähnlich sein kann, aber sie kann nicht vermischt werden, weil sie rein und pur nur allein für dich bestimmt ist. Außerdem kannst du die Sehnsucht weder denken, noch in ein Konzept pressen; sie IST einfach nur und kommt zum Ausdruck, wenn du auf ihre leise Stimme hörst.

Wieso ist der richtige Weg, der zu sich selbst, meist der härtere? Warum wählt der Mensch aus Gewohnheit oder Bequemlichkeit oft den einfacheren Weg, der aber nicht immer der richtige ist? Schade, wenn das Leben ständiges Bewusstsein und harte Disziplin bedeutet, denn Unachtsamkeit, Unkontrolliertheit und Undiszipliniertheit kann so schön sein!

Glaubst du wirklich, dass der Weg zu dir selbst für *dich* der richtige ist? Hast du überhaupt eine Vorstellung davon, wie es ist, bei dir selbst zu sein? Im Grunde ist das So-Sein gleichgesetzt mit Wahrhaftigkeit, in der du das lebst, was du bist; und das ohne jedwede Ego-Korrektur, weil es keine Macht mehr besitzt. Wenn dies für dich auch das „zu dir selbst kommen" ist, dann kann an diesem Weg grundsätzlich nichts falsch sein. Wer sagt aber, dass es der härtere Weg ist? Spricht hier dein Ego, das seine Kontrolle nicht verlieren will? So lange du deinem Ego abnimmst, dass es hart ist, das zu finden was du bist (wobei es schon immer da ist) und wenn du ihm überdies glaubst, dass sich das „Ergebnis" sowieso nicht lohnt, wirst du diesen Weg nicht einschlagen. So lange du dich dem ehrlichen Blick auf dich selbst verweigerst, damit die Welt ihre vermeintliche Schönheit nicht verliert, kannst du zwar oberflächlich betrachtet angenehmer leben, doch der Impuls deiner Schatten ans Licht kommen zu wollen provoziert irgendwann Leid. Die Medaille dreht sich und ihre Kehrseite kommt zum Vorschein. In der Konditionierung des Egos zu verbleiben, bedeutet Knechtschaft, Abhängigkeit, Begrenztheit und Angst.

Wenn du der Meinung deines Egos folgst, Bewusstheit und Achtsamkeit sei beschwerlich, dann bleibst du da wo du bist. Aber das macht nichts, wenn du dich *bewusst* dafür entscheidest. Das ist der *entscheidende Faktor*: Alles was du *bewusst* tust, kann nicht aus unbewusster Konditionierung heraus geschehen und ergo keine innere Dissonanz hervorrufen; während das unbewusste Handeln geistig wie körperlich krank machen kann. Wenn du dich also *bewusst* für dieses Leben (in P2) mit all seinen guten wie schlechten (Z)Seiten entscheidest, dann solltest du das auch aus voller Überzeugung tun. Daran ist nichts Schlechtes, denn wenn du fühlst, dass dieser Wunsch aus der Tiefe deines So-Seins entspringt, dann ist es wohl genau so für dich vorgesehen. Du lebst dann in voller Bewusstheit, was Selbstverantwortung bedeutet und einer beachtlichen inneren Reifung entspricht. Es macht überhaupt keinen Sinn, ein Leben in dem du dich glücklich fühlst verlassen zu wollen. Genieße die Vergnügungen, auf die dein Ego jetzt nicht verzichten will, bis du vielleicht irgendwann spürst, dass du das nicht mehr möchtest. Möglicherweise fühlt sich dann der „andere Weg" nicht mehr so hart an. Wenn du dann einen Blick in Paradigma 1 wirfst, darfst du erkennen, dass es dort weder Verurteilung, Disziplin, noch Kontrolle gibt. Alles darf so sein wie es ist – auch du. Das ist echte Freiheit! Vielleicht ist es das, wonach du eigentlich suchst?

Mir fehlt momentan der Sinn. Bin ich auf dem falschen Weg? Brauche ich etwas Neues in meinem Leben?

Wenn dir deine momentane Lebenssituation nicht gefällt, kann dies zwei Ursachen haben: Entweder du bewertest sie lediglich schlecht oder es ist tatsächlich Zeit für eine Veränderung. Was davon konkret zutrifft, kannst nur du selbst aus deinem Inneren heraus erspüren. Dort liegt die Wahrheit dessen, was dir dein jetziges Gefühl der Sinnlosigkeit zeigen will. Grundsätzlich hat das Leben den Sinn, den du ihm völlig individuell gibst. Er ist nicht statisch, sondern kann sich mit den verschiedenen Lebensphasen verändern. Manchmal besteht der Sinn mit Beginn des Erwachsenenalters darin, eine gute Ausbildung zu machen und einen Beruf zu haben, der dich erfüllt. Dann verschiebt sich dein Bild und der Wunsch nach einer Familie könnte vielleicht in den Vordergrund treten oder andererseits die Lust auf ein Ausleben von Freiheit durch Reisen um die Welt. Hinterfrage dich also, ob der Sinn, auf den du dein Leben bisher ausgerichtet hattest, dich immer noch erfüllt. Wenn ja, dann geht es darum, deine Sicht wieder dankbar auf das Gute darin auszurichten. Spürst du aber, dass das, was du momentan lebst, nicht mehr das ist, was dir Freude bereitet, so ist die Frage nach etwas Neuem berechtigt.

Nimm dir also bewusst Zeit für die Stille und lasse die Frage, worin deine Freude liegt oder wo du deine Freude spürst, in dir wirken. Gehe deinem Gefühl der Freude nach, wenn es in dir erscheint. Was fühlt sich lebendig an? Welche Vorstellung oder Idee kommt zum Vorschein? Wohin fließt deine Energie? Worauf richtet sich deine Aufmerksamkeit? Lasse dabei völlig unbeachtet, ob die aufsteigenden Bilder realistisch sind oder nicht. Ebenso ist unwichtig, ob sie der gesellschaftlichen Norm entsprechen oder nicht. Du bist nicht die Gesellschaft – du bist du! Und du sollst das leben, worin du deine Freude findest. Es gibt keinen falschen Weg, sondern nur Lebensphasen, die zu Ende gehen und neue, die beginnen. Ist das nicht spannend?

Wie kann ich meine festgefahrenen Muster und Konditionierungen löschen?

Losgelassen werden kann nur das, was gesehen wurde; also die Wahrheit dessen, was ist. Wenn du die Ursachen deiner Muster entdeckt hast, lösen sie sich auf bzw. du selbst kannst dies nicht wirklich tun. Wahrheit ist das Synonym für Bewusstheit; dir einer Sache bewusst zu werden bedeutet also, ihre Wahrheit zu erkennen. Das ist auch damit gemeint, wenn du hörst, dass du „dich deinen Schatten stellen sollst", also diesen unbewussten und ungeliebten Anteilen in dir. In deinem Unterbewusstsein sind psychologisch betrachtet alle deine unbewussten, konditionierten Mechanismen gelagert sowie auch schmerzvolle Erlebnisse, die der Verstand gerne verdrängt. Das ist wie ein Keller, in dem all das Gerümpel lagert, das du nicht in dein Bewusstsein treten lassen willst, weil es dir nicht gefällt oder dir Schmerzen bereitet. Wenn du bereit bist die Kellertür zu öffnen und die Dinge nach oben zu holen um sie zu betrachten, kann Befreiung geschehen. Es anzusehen, heißt gleichsam es gehen zu lassen, was im Grunde auch Vergebung bedeutet. Weder kannst du Dinge ungeschehen machen, die du selbst verursacht hast, noch Dinge, die man dir (vermeintlich) angetan hat. Vergeben heißt, ohne Bewertung anzunehmen, dass es geschehen ist und es ohne Schuld oder Schuldzuweisung loszulassen, weil es nicht mehr das ist, was jetzt ist.

Aus der Sicht des Neo-Advaita, das (vereinfacht ausgedrückt) das Ego-Ich komplett ignoriert, wäre überhaupt nichts zu tun, was im Grunde für alles gilt, was du je fragen kannst. Denn wenn es das Ich überhaupt nicht gibt, dann gibt es die Muster und Konditionierungen, die ja das „fantasierte" Ich bilden, auch nicht. Aus dieser Sicht gibt es also weder etwas loszulassen, noch zu löschen oder einer Wahrheit zuzuführen, die eigentlich nur die sein kann, dass all das, was du loswerden willst, nicht wirklich existiert. Beide Wege sind weder richtig noch falsch; es sind lediglich Betrachtungen, die dir angeboten werden. Manchmal macht es Sinn, dass du mit dem einen beginnst und mit dem anderen endest. Doch egal was gesagt werden kann, es geschieht das, was für dich geschehen soll. Vertraue deinem inneren Gefühl – ausschließlich!

Was ist meine Bestimmung?

In der dualen Welt des Paradigma 2 lebst du deine menschliche Form. Die Person, die du in dieser Form zum Ausdruck bringst trägt ihr ganz individuelles Programm in sich. Das sind Definitionen wie Talente oder Charakter sowie beeinflussbare Dispositionen und Potentiale. Dein Leben bringt sich quasi im Rahmen dieser Bedingungen zum Ausdruck. Deine Bestimmung innerhalb P2 ist also das zu leben was du bist. Dein So-Sein ist das Programm das in dir vorliegt und dein Programm ist deine Bestimmung. Doch deine Konditionierungen verdecken dein So-Sein und so kann es passieren, dass du an dir vorbei lebst.

Du kannst daran erkennen, ob du in deiner Bestimmung lebst, wenn du eine grundsätzliche Freude am Leben verspürst, wenn sich dein Leben fließend anfühlt, wenn du gesund bist und aus einer guten Stabilität heraus wirkst, wenn dir eher Gutes widerfährt, weil du Gutes aussendest. Bist du eher kränklich, verläuft dein Leben unrund, häufen sich Konflikte und depressive Verstimmungen, dann kannst du davon ausgehen, dass dein Ego mitsamt seinen Konditionierungen dein Leben in der Hand hat.

Ein Mensch, der unter seinem Leben leidet, macht sich auf den „spirituellen Weg". Im Grunde ist dies die Suche nach dir selbst, deinem ICH-ICH. Dieser Weg führt nach innen und kann dich (wenn das so sein soll) aus P2 heraus in P1/0 leiten. So führt dich deine Bestimmung vielleicht über diese Welt hinaus, wenn du dich dem Prozess des Sterbens-und-wieder-Werdens stellst. Doch hier geht es in erster Linie um deine Bestimmung *in* dieser Welt und falls du das Gefühl hast, dass du sie/dich noch nicht gefunden hast, dann stelle dir die Frage, wie oder wo du Freude erfährst. Denn wenn du deiner Freude auf der Spur bleibst findest du dich/deine Bestimmung.

Ist es möglich, in diesem Leben die wahre, echte Liebe zu leben oder ist das Utopie?

Was ist die „wahre Liebe", was verstehst du darunter? Wenn du das meinst, was man in P2 in partnerschaftlichen Beziehungen unter dem „Deckmantel" Liebe lebt, ist das kaum die alles umfassende grenzenlose und bedingungslose Liebe des Seins. Denn wäre sie es, gäbe es keinerlei Konflikte, weil die „Seins-Liebe" weder etwas ausschließt, noch etwas verlangt, verurteilt oder erwartet. In der „Liebe des Absoluten" ist alles was ist so wie es ist vollständig angenommen, also geliebt.

Im besten Fall kann sich „wahre Liebe" in der phänomenalen Welt als Mitgefühl ausdrücken. Du kannst das Mitgefühl als Synonym für die „absolute Liebe" betrachten, denn nur wenn du mit etwas mitfühlen kannst (egal ob Mensch, Tier, Pflanze und alles was es gibt), hast du die Trennung aufgehoben und deine Egozentrik verlassen, weil du beim anderen bist (Nächstenliebe). „Absolute Liebe" kennt keine Grenzen und Trennungen, „Seins-Liebe" eint und ist eins mit allem was ist, weil alles eins ist.

Kannst du das in der dualen, egozentrischen Welt mit einem voll-aktiven Ego leben?

Was bedeutet es konkret, im Jetzt zu sein?

Tatsächlich existiert etwas Verwirrung darüber, was dieses „Jetzt" wirklich ist. Es kommt auf den Blickwinkel an: Innerhalb der Zeit (P2) hat das Jetzt ganz klar die Bedeutung von Gegenwart; also dieser Tag, diese Stunde, diese Sekunde. In P2 ist das Jetzt eine zeitliche Größe und beschreibt den gegenwärtigen Moment.

Außerhalb der Zeit, in ALLES-WAS-IST (P0), hat das Jetzt die Qualität der Ewigkeit, was jedoch keinesfalls eine unendliche Zeit ohne Ende bedeutet, denn dann wären wir ja wieder in der Zeit, die es nicht wirklich gibt. Ewigkeit ist vielmehr Zeitlosigkeit, Präsenz und das einzige, was tatsächlich existiert und gelebt werden kann: das zeitlose (Gewahr-) Sein. „Sein" ist das Leben, die Lebendigkeit in allem. Es gibt nichts außer diesem Sein. Das ist wie ein einzelner Summton, der fortwährend summt, der immer da ist, ohne Kommen und Gehen. Da ist nur dieses Leben, dieser Summton, dieses Sein. Es ist ALLES-WAS-IST und das, was du bist.

Was ist das Ego überhaupt genau? Wie funktioniert es und wie kann ich es loswerden?

Das Ego bist weder du, noch der Körper. Es ist lediglich eine Vorstellung von einem Etwas, das glaubt die Kontrolle über das Leben zu haben. Dass dem keineswegs so ist, wird durch die Angst entlarvt, die dann entsteht, wenn das Ego an seine Grenze kommt und seine Machtlosigkeit spürt (Panikattacke, Burnout). Dieser Moment ist die Chance für dich tiefer zu schauen und dein Ich, das was du glaubst zu sein, zu durchleuchten. Das Ego bildet sich aus dem Denken, der Summe deiner Konditionierungen, also der automatischen Programme, in die man dich geprägt hat und nach denen du „läufst". Das Ich-Gefühl „entsteht" durch die Separation von der Mutter (Subjekt-/Objekt-Trennung), also im Grunde auch mit der Identifikation deines Namens.

Durch das Hinterfragen deines Denkens und Handelns kannst du deine Konditionierungen aufdecken und so das Ego „entleeren". Wenn du hinter deine Kulisse schaust und die Machenschaften deines Egos aufdeckst, kannst du erkennen, dass es keine wirkliche Realität besitzt; das macht dich frei. So lange du mit deinem Ego identifiziert bist und glaubst, du (Ego) hättest dein Leben im Griff, wirst du immer wieder in den Abgrund gerissen.

Weil sich das Ego als getrennt von allem empfindet, ist es auf der einen Seite davon überzeugt in den Kampf gegen „das Andere" ziehen zu müssen und auf der anderen Seite fühlt es sich nicht ganz, unvollständig und unvollkommen. Eine latente Unzufriedenheit schwelt im Hintergrund, weil immer etwas fehlt nach dem es Ausschau hält, um sich vervollständigen oder befriedigen zu können. Da ist die Suche nach dem Traummann oder der Traumfrau, dem perfekten Körper oder dem angesehenen Beruf inklusive Status. Alles wird zur Sucht, weil es niemals zur Befriedigung kommen kann. Das Ego vergleich sich permanent mit seiner Umwelt und durch das gleichzeitige Bewerten entstehen automatisch Intoleranzen, Unzufriedenheit, Neid und Gier nach immer Besser-Sein und Mehr-Haben-Wollen. Die Liebe, als Ausdruck der Vollständigkeit, kann niemals eintreten, weil das Ego das Annehmen des So-Seins aller Dinge, auch deiner Selbst, durch seinen Trennungsgedanken verhindert.

Sobald sich die Identifizierung mit deinem Ego löst, kommt das, was du wirklich bist, zum Vorschein. Es war nie weg, es war immer da, hinter dem Schleier der Maya. Frei vom Ego zu sein bedeutet Nichts-Mehr-Werden-Zu-Wollen, weil du schon bist. Das ist Liebe.

Ist es möglich, ein Leben zu führen, das ohne Bewertung ist? Kann ich je ganz frei davon sein?

In der bipolaren Welt des P2 wird es Gut und Böse, Richtig und Falsch immer geben, weil diese Welt auf dieser Polarität basiert. Und weil die Sprache ebenfalls in Gegensätzen funktioniert, kommst du aus einer gewissen Wertung nicht wirklich raus. Aber wahrscheinlich geht es dir im engeren Sinne auch nicht um die Bewertung, sondern um das Verurteilen. In dieses Thema kommt nur Klarheit, wenn das differenziert wird. Da gibt es nämlich zum einen die reine Feststellung oder auch Wahrnehmung. Wenn du zum Beispiel sagst „Die Blume ist schön", dann hast du hier lediglich etwas wahrgenommen oder festgestellt. Würdest du jedoch anfügen „ ... und deshalb ist sie gut oder schlecht, richtig oder falsch", so wärest du in der Bewertung. Doch warum solltest du das sagen, selbst wenn die Blume wirklich hässlich wäre? Hat sie nicht ihre absolute Daseinsberechtigung, so wie alles andere, was du über deine Sinne erfahren kannst?

Wenn du über eine Person sagst, dass sie nett ist, hast du damit nicht gesagt, dass sie gut ist. Und wenn du von einem Menschen sagst, dass dich seine Art nervt, hast du noch keine schlechte Bewertung abgegeben, so lange du auch hier nicht anfügst, dass er deshalb entweder schlecht oder falsch ist. So lange du ihn sein lässt, wie er ist und ihn in seinem So-Sein respektierst, ist keine Wertung enthalten; er darf sein wie er ist und er muss dir nicht gefallen.

Die Frage des Bewertens wird oftmals missverstanden, weil es mit dem Urteilen gleichgesetzt wird. Urteilen bedeutet Intoleranz und sie entsteht, wenn du der Auffassung bist, dass allein deine Sichtweise bzw. Einstellung richtig und gut ist; und damit lehnst du alles als falsch ab, was nicht deinem Ego-Geist entspringt. Diese trennende Abwertung ist das eigentliche Problem und die Ursache aller Anfeindungen und Kriege.

Als unbewusster Mensch hast du keine andere Wahl, als deinen Konditionierungen zu folgen, die man in deiner Kindheit in dich hinein geprägt hat. So folgt jeder seiner Überzeugung, seiner Kultur, seiner Nation. Wer will da noch sagen können, was richtig und falsch ist? Und so kann es auch nur so sein, dass andere Menschen ebenfalls die Berechtigung haben, deinen Werten nicht zuzustimmen und dich nicht zu mögen. Das ist völlig in Ordnung, daran ist nichts Schlechtes oder Falsches. In uns drückt sich die Vielfalt des Lebens aus. Wenn du das respektierst, dann bist du frei von Bewertung, was auch das Konzept von Toleranz obsolet macht.

Kann mir Meditation helfen, auf meinem spirituellen Weg voranzuschreiten? Und was passiert auf dem spirituellen Weg überhaupt?

Der „spirituelle Jahrmarkt" hat für dich hier sicherlich diverse unterschiedliche Antworten östlicher und westlicher Ausrichtung parat. Jede Religion, Sekte, spirituelle Glaubensgemeinschaft hat ihre eigene Vorstellung, wie Erleuchtung erlangt werden und Erlösung geschehen kann oder wie du auf direktem Weg ins Paradies kommst. Wenn du mit einem Zen-Buddhisten sprichst, so wird er dir vermutlich sagen, dass die Meditation überhaupt *das* Mittel zur Erlangung der Erleuchtung ist, denn Zen ist ohne Meditation nicht vorstellbar. Egal um welche Tradition es sich handelt, es geht also wieder einmal um Konzepte, die sich durchsetzen wollen und für sich beanspruchen, das Beste zu sein. Dabei ist es scheinbar belanglos, ob die Meditation für den einzelnen Sucher tatsächlich sinnvoll oder eher kontraproduktiv wirkt. Aus neutraler Sicht heraus scheint es grundsätzlich von Vorteil, wenn du ein wenig darin geübt bist, geistig und körperlich zur Ruhe zu kommen. Durch die Meditation kann deine Wahrnehmung nach innen und außen sensibler werden, was Einsichten fördern kann, je nachdem, in welcher Phase deines Weges du dich befindest. Anfänglich geht es vielleicht darum, überhaupt in die Wahrnehmung zu kommen, was eine gewisse Disziplin notwendig machen kann. In einer Phase, die du als „Reinigung" empfinden könntest, weil sie Schmerz, Blockaden und Konditionierungen aufdeckt, kann die Meditation sehr unterstützend wirken. Danach kann sie jedoch möglicherweise unnötig oder gar hinderlich werden, denn es gibt dann für den Sucher nichts mehr aktiv zu tun, weil nur noch das Geschehen-Lassen geschehen soll. Wenn du aber dennoch das Gefühl hast, dass es dir gut tut, weiter zu sitzen, kann dies nur noch völlig ohne Absicht, ohne Wunsch, ohne Intention oder Ausrichtung passieren. Wenn du mit dem natürlichen Verlauf deines Weges schwingst, wirst du all dies spüren (und wenn du das nicht tust, kann es kein Weg sein). Sogar am Ende dieses intensiven Prozesses kann es für den einen oder anderen durchaus Sinn machen, die Meditation noch zum (Ab-)Lösen von Komplexitäten „unter Ausschluss des Denkapparates" zu nutzen. Alles endet dann von selbst, wenn da keiner mehr ist, der irgendwelche Probleme oder Fragen hat.

Was den spirituellen Prozess als solchen angeht, so kann da sehr viel oder auch nahezu nichts passieren. Letzteres wird vom Neo-Advaita proklamiert, welches aussagt, dass es lediglich zu erkennen gilt, dass nie ein Ich im Sinne von Täter, also Handelndem, existiert hat. Demnach bist du frei, sobald zu verstanden hast, dass da quasi „niemand Zuhause ist". Und weil da niemand ist, kann es auch niemanden geben, der jemals erleuchtet werden kann. In anderen Ausrichtungen wird davon ausgegangen, dass dieser Jemand in dem Moment, wo Erleuchtung geschieht, „verschwindet", weil die Erleuchtung den Tod des Egos bedeutet. Was diesen Aspekt anbetrifft, sind sich alle (mir bekannten) spirituellen Strömungen einig, wobei „Tod" so verstanden werden will, dass da zwar immer noch die Person ist, jedoch ohne eigenen Willen, weil sie sich in ALLES-WAS-IST ergeben hat. Das Neo-Advaita jedoch vereinfacht gnadenlos non-dual weiter: Da es nie einen Täter gab und die phänomenale Welt sowieso nur eine Illusion ist, gibt es auch keine Schuld. Das, was du als Person glaubtest getan zu haben, warst also gar nicht du. Du wurdest gelebt und getan als willenloses Geschöpf der Schöpfung. Und da, wie gesagt, die Welt nur ein Traum ist, ist weder überhaupt etwas geschehen, noch hat niemand jemals etwas getan.

Was Verantwortung und Willen anbetrifft, unterscheiden sich die verschiedenen Geister „latenter Dualistik", indem sie einen gewissen eingeschränkten freien Willen anerkennen (du entscheidest frei, hast also eine Wahl, jedoch nur innerhalb vorgegebener Struktur – Schopenhauer sagte dazu „Der Mensch kann tun was er will, er kann jedoch nicht wollen was er will"). Diese Unterschiede sind jedoch nicht wirklich wichtig, weil sich schlussendlich alle einig sind, dass es nur und ausschließlich dieses EINE gibt, dieses ALLES-WAS-IST, was eine Unterscheidung nach Willensfreiheit oder Nicht-Freiheit sinnfrei macht.

Was auch immer schlussendlich ist oder nicht ist, kannst nur du für dich selbst feststellen. Da gibt es niemanden außer dir oder über dich hinaus, der mehr wissen kann als du; kein Lehrer, kein Guru, nicht einmal Buddha oder Jesus. Alles was über ALLES-WAS-IST hinaus gesagt wird, stellt nur wieder ein weiteres Konzept von jemandem dar, der glaubt zu wissen, was nicht zu wissen ist. Jeder Einzelne erlebt seine ganz individuellen Einsichten und doch münden sie alle letzten Endes im selben Ergebnis. Es gibt scheinbar Menschen, die vom Fleck weg in diese Erkenntnis der Ich-Illusion „rutschen", ohne jemals „etwas dafür getan zu haben", geschweige denn auf einem spirituellen Weg gewesen zu sein. Und dann gibt es Menschen, für die das Ganze ein anstrengender und schmerzhafter Prozess ist, weil in ihnen ihr gesamtes Leben abläuft. Sie entlarven ihre Ego-Programme, auf die sie ausgerichtet waren und erkennen den Irrweg, dem sie unbewusst und ignorant gefolgt sind, weil sie glaubten, sie müssten jemand sein, der sie nicht sind oder nach etwas suchen, was sie schon sind.

Wenn du der Wahrheit ins Auge blickst tut das weh, sehr weh sogar und du fühlst Reue, jedoch ohne jegliche Schuld. Da ist nur ein Gefühl der Erlösung und Dankbarkeit und Demut für das was dir geschah. Was bleibt ist die Freude, die jeden Tag da ist, ohne dass du sie rufen musst. Doch das ist noch nicht das Ende. Erkenntnisse fließen unendlich weiter und erhellen fortwährend deinen Geist und irgendwann darfst du vielleicht eintreten in dieses ALLES-WAS-IST was du schon immer bist); und alles was jemals war und was du gewesen bist in Mayas Welt ist nur noch ein Traum.

Gibt es einen Unterschied zwischen Erkennen, Verstehen und Einsicht?

Verstehen geschieht über den Verstand. Jemand erklärt dir etwas und du verstehst, indem du das Gehörte oder auch Gelesene unter Nutzung des Denkens versuchst nachzuvollziehen. Das geschieht meist schrittweise und entspricht dem Lernen in der Schule, dem Vermitteln von Wissen auf rationaler, logischer Basis. Das Erkennen setzt quasi auf dem Verstehen auf. Es ist der Moment, in dem dir das, was du zu verstehen versucht hast, klar wird. Es ist also der Zeitpunkt, an dem du die Sache vollständig begriffen hast. Ein gewisses „Einrasten" und Abspeichern von Erfahrung findet statt. Verstehen und Erkennen sind also Abläufe innerhalb des Gehirns bzw. Bewusstseins.

Einsicht, Insight, geschieht außerhalb des Verstandes und hat nichts mit Logik zu tun. Sie geschieht ohne Denkarbeit bzw. Einsicht kann nur geschehen, wenn das Denken nicht geschieht. Sie taucht auf, ohne dass du zuvor etwas konkret wissen wolltest oder hinterfragt hättest. Weil du keine Frage gestellt hast, ist Einsicht auch keine Antwort. Einsicht ist wie ein Gedankenblitz, eine Idee, die aus dem Nichts auftaucht und von der du in dem Moment, in dem sie erscheint, weißt, dass sie wahr ist. Da ist eine absolute Gewissheit, so dass Handlung ohne Denken sofort so geschehen kann, wie die Einsicht dir das offenbart hat. Alles erfolgt ohne Verzug und ohne Abwägen nach Sinn oder Zweck. Beides ist dir völlig Gleichgültigkeit, weil es nur so sein kann, wie dir die Einsicht gezeigt hat – zweifellos.

Was ist Zeitlosigkeit, Ewigkeit, Unendlichkeit? Wie ist es zu verstehen, dass es keine Zeit gibt?

Die Zeit, so wie du sie kennst und erlebst, ist eine (evolutionäre) Erfindung des Menschen und hat ihren Zweck. Sie ist die Basis für Struktur und Orientierung der menschlichen Abläufe. Als Einzelwesen bräuchtest du an sich keine Zeit, weil dir die Natur ausreichend Orientierung bieten könnte. Sie ist jedoch eine nützliche Erfindung, um Zeitpunkte für gemeinsame Handlungen präziser bestimmen zu können. Wahrscheinlich hat sie sich aus einer Zwangsläufigkeit heraus durch das Zusammenleben in Gruppen ergeben. Auch im Hinblick auf Wissenschaft und Forschung scheint die Zeit unverzichtbar. Zeit ist also ein vom Menschen erfundenes Konzept und dient im Grunde verschiedenen Zwecken; sie orientiert sich scheinbar an der Natur. Wenn dich das näher interessiert, kannst du sicher Lektüre finden, die weitaus fundierter ist, als meine laienhafte Beschreibung hierzu.

Für die spirituelle, ontologische Betrachtung ist die Zeit als solche komplett unwichtig, da sie lediglich in unserer bipolaren „Traumwelt" existiert. In ALLES-WAS-IST gibt es keine Zeit bzw. das SEIN ist Zeitlosigkeit. Als Synonym für Ewigkeit und Unendlichkeit hat DAS weder Anfang noch Ende. Es ist das Leben selbst - ein ewiges und grenzenloses Erschaffen aus sich selbst heraus.

Das SEIN kann nicht weiter beschrieben werden, aber du kannst versuchen, es zu fühlen. Suche dir dafür einen Platz, an dem du entspannt sitzen oder liegen kannst. Das kann Zuhause sein, im Wald, am Meer, in den Bergen oder wo auch immer du willst. Lasse das Gefühl von „es ist" auftauchen. Frage dich, wie „es ist" sich anfühlen mag. Lasse ganz bewusst das „Ich" weg und frage nicht danach, was „Ich" fühlt, sonst bist du wieder in der Illusion der Zeit - im Ego. Das SEIN kann nur auftauchen, wenn das ICH nicht ist. Vielleicht darfst du dann das Wunder der Ewigkeit für einen Moment spüren.

Wie kann ich mein Ego-Verlangen abstellen?

Wenn sich der Traum des Egos, der Erschaffer zu sein, aufgelöst hat, bleibt es als „dienendes Instrument" dessen was du wirklich bist, erhalten. Sobald das Ego in seiner illusionären Rolle als Schauspieler enttarnt ist, besitzt es keinerlei Absicht, Verlangen oder Eigen-Willen mehr. Es verbleibt quasi eine leere „Persona", die innerhalb des Seins ihre Funktion hat (was im Grunde schon immer so war).

Was das Verlangen als solches betrifft, so kannst du durchaus aktiv daran mitarbeiten, es zu durchschauen, indem du öfter einmal „nein" zum eigenen Wollen sagst. Das SEIN braucht weder Besitz, noch will es sich etwas einverleiben; es IST nur. Doch lediglich das „Nein" zum Verlangen zu trainieren bliebe oberflächlich und nutzlos, wenn du nicht die Intentionen, die dein Verlangen antreiben, aufdeckst. Es geht also wieder einmal um Wahrheit und Ursachenforschung. Hinterfrage den Zweck deines Verlangens und was damit kompensiert werden soll. Warum rauchst oder trinkst du? Was erleichtert dir diese Handlung? Wozu brauchst du diese Tasche, dieses Auto, dieses Haus? Wem dient das? Wer oder was kann nicht genug davon bekommen? Schau es dir an und wenn du ehrlich bist und den Komplex vollständig durchschaut hast, löst es sich völlig selbständig auf.

Was genau ist Erleuchtung und was geschieht da?

Du hast sicher bereits in diversen Büchern östlicher und westlicher Weisheiten gelesen oder von Gurus gehört, was im Allgemeinen unter Erleuchtung verstanden wird. Da gibt es Stufen, die mit dem Erwachen beginnen oder enden. Da hat jede spirituelle Richtung ihr Konzept. Deshalb kann alles was darüber hinaus geht nur von jedem Einzelnen selbst erlebt werden. Was als Erleuchtungserlebnis bezeichnet werden könnte, ist ein Phänomen, das dir geschehen kann. Es ist ein Moment tiefer Einsicht, in der du dir gewahr bist, dass du mit allem verbunden, mit allem EINS bist und dass dieses GANZE grenzenlos ist und alles einschließt; dass nichts in seiner Essenz vom anderen verschieden ist und dass es das EINZIGE ist was tatsächlich existiert. Es ist das, was du wirklich bist - und alles andere ist es auch. Es fühlt sich so an, als würdest du in eine Wahrheit eintreten, die dir zeigt, dass alles was bisher in deinem Leben geschah, genau so geschehen sollte, damit du zu dieser Einsicht gelangen kannst.

Danach kann eine Zeit der Veränderung folgen, in der die Ego-Identität mehr und mehr zusammenbricht bis sie schließlich ganz aufzugeben scheint. Sie ordnet sich dem ALLES-WAS-IST unter, aus dem heraus sie entstanden ist. Als SEINS-Organismus verbleibt sie ohne jeglichen Eigenwillen und nimmt alles an wie es geschieht (was nach Außen hin unerkannt bleiben kann).

Für das Neo-Advaita gibt es quasi gar keine Erleuchtung, weil es nie eine Ego-Person (Eigenwille) gab, der sie jemals widerfahren könnte, weil alles in dieser phänomenalen Welt lediglich eine illusorische Erscheinung ist. Und das Erkennen dieser Illusion ist das Erlöschen des Bewusstseins eines eigenen Ichs, was du vielleicht als Erleuchtung bezeichnen könntest, die quasi Niemand erlebt. So ist es auch zu verstehen, wenn du hörst, dass es einen erleuchteten Menschen überhaupt nicht geben kann. Entweder weil du ein Traum in einer Traumwelt bist, also vom SEIN lediglich geträumt wirst oder weil du dann, wenn du vollständig in ALLES-WAS-IST eingehst, quasi im Nichts verschwindest und kein Erleuchteter zurück bleiben kann.

Du siehst, dass es auch für die „Spirituelle Erleuchtung" eine reiche Auswahl von Konzepten gibt. Doch es macht umso deutlicher, dass du deshalb nur der einzigen Wahrheit vertrauen solltest, die existiert: Dir selbst! Wie groß und bedeutend auch immer ein Guru sein mag, er kann niemals der Wahrheit nahe kommen, die aus dir heraus erscheint.

Weshalb machen sich nur so wenig Menschen auf den spirituellen Weg bzw. warum passiert die Erleuchtung so selten?

Selbst wenn der Weg nicht wirklich ein Hier-Sein-Und-Dorthin-Gelangen ist, bleibe ich hier der Einfachheit halber bei dieser Formulierung. Um zu erkennen, dass du nicht das konditionierte Ego-Ich bist, muss eine gewisse Bewusstheit vorhanden sein. Unreflektierte Menschen, die sich und ihr Tun noch nie hinterfragt haben oder überhaupt kein Interesse am „Geheimnis Leben" haben, wirst du kaum für ein solches Bewusstsein begeistern können. Weil du schon immer das bist was du suchst, geht es beim Weg letztlich einzig darum dies zu entdecken. Das geschieht durch „Nachgraben nach Wahrheit" in dir selbst, denn das was du bist wird durch deine Konditionierungen, Überzeugungen, Vorstellungen, also das gesamte „Ich-Programm" das dich steuert, verschleiert (Maya). Das kann durchaus anstrengend sein, wobei es derzeit immer mehr Berichte über „spontane Ich-Verluste" gibt. Für manche Menschen, die von der Erleuchtung gehört haben, ist sie von vornherein nicht erstrebenswert, weil sie das gesamte spirituelle Thema mit Verzicht, Leidenschaftslosigkeit, Langeweile und Askese in Verbindung bringen. Und andererseits gibt es die unermüdlichen Sucher, die bereits viele Jahre lang „laufen", ohne tatsächlich irgendwo anzukommen, was natürlich ernüchternd sein kann.

In allen Fällen spielt das Ego die Hauptrolle, das entweder von vornherein die Suche untergräbt oder auf dem Weg immer wieder dafür sorgt, dass der Sucher nicht ankommt. Denn das Ego weiß, dass die „Ankunft" seinen Tod bedeutet. So führt es den Sucher an der Nase herum, beschert ihm Phänomene, die ihn zu etwas Besonderem machen und das Verlangen inklusive Ego verstärken. Das, was gefunden werden will, verschwindet jedoch in dem Moment, in dem Gier und Verlangen auftauchen. So bleiben viele spirituelle Sucher dem Ego verhaftet, ohne es zu bemerken, denn aus dem ursprünglichen Ego hat sich das „spirituelle Ego" geformt, das ebenso wenig willenlos ist, wie sein Vorgänger. Es ist nur weitaus schlauer und versteckt sein Erreichen-Wollen hinter falsch verstandener Akzeptanz, Hingabe, Frieden und dem masseweisen Verteilen von Liebe. Doch es gibt durchaus Sucher, die dem Ganzen vielleicht sehr nahe kommen, die dann aber an der Angst vor der Ungewissheit, was „danach" kommen mag, scheitern. Da ist die Unsicherheit, ob das „Unbekannte" auch wirklich besser ist, als das, was sie sicher haben. Du kannst auch hierin immer noch ein Ego erkennen, das sich nicht verschlechtern will.

Das alles sind Gründe, weshalb nur so wenige Menschen „erleuchtet" sind, mal ganz abgesehen davon, dass die Erleuchtung ohnehin nur ein Konzept des Egos ist. Schlussendlich führt das Gesuchte den Sucher an der Nase herum, weil beides EINS ist. Das ist das „Göttliche Spiel", Leela, das wohl so sein soll. Who knows?

Wie ist das Leben nach der Erleuchtung? Gibt es den totalen Frieden und die Glückseligkeit? Ist man dann ganz weg von allem?

Vermutlicht stellt sich fast jeder Sucher zu Beginn seiner spirituellen Reise genau das als „Ergebnis" vor, was du hier in deiner Frage schreibst. Da ist jemand, der sich dauerhafte Glückseligkeit und Allwissenheit wünscht und er glaubt, um dies erfahren zu können, müsse er einem Ideal entsprechen. Gurus aus Ost und West und auch entsprechende Bücher unterstützen meist diese Vorstellung, indem sie bewusst (als Mayas Helfershelfer) verschleiern, was Erleuchtung wirklich ist. Das ist leider so, weil aus der spirituellen Suche längst ein einträgliches Geschäft geworden ist (oder schon immer war), dem der Sucher möglicherweise als ein monetärer Zweck dient. Ich weiß nicht, ob du dich wirklich auf den Weg zur Erleuchtung machen würdest, wenn du wüsstest, dass es deinen (Ego-)Tod bedeutet, dass du danach nicht mehr der bist, der du glaubtest zu sein. Du wirst mit Wahrheit konfrontiert, die schmerzhaft ist und Ängste auslösen kann. Da finden Desillusionierungen und Ent-Täuschungen statt und dein Inneres wird nach außen gekehrt. Wenn du nicht stabil bist oder Anstrengung scheust, wirst du kehrt machen.

Doch es gibt auch immer öfter Menschen in der spirituellen Szene, die erzählen, dass sie keinen langen Weg gehen mussten, sondern „vom Fleck weg" (und teilweise ohne überhaupt je zu suchen) einen „Ich-Verlust" erlebt haben. Das unterstützt die Sicht des Neo-Advaita, die besagt, dass du als Mensch nichts tun kannst, weil alles so geschieht, wie es geschehen soll und du sowieso schon da bist, wo du hin willst und dass es nichts zu ändern gibt, da es dich nicht gibt und sowieso überhaupt nichts wirklich passiert.

Weil ich jedoch zu den Menschen gehöre, die einen durchaus anstrengenden Prozess durchschritten haben, kann ich nur aus dieser Warte sprechen. Ich erfuhr mehrere mystische Erlebnisse des Erwachens und Einswerdens, teilweise in der Meditation, aber auch während Aufenthalten in der Natur oder bei sonstigen Situationen. Da kommen Einsichten aus dem Nichts und du erkennst Wahrheit, die dir vorher verschlossen war. Du erlebst Momente äußerster Glückseligkeit und kannst dir nicht vorstellen, jemals wieder Probleme zu haben. Frieden umgibt dich und du empfindest Liebe für alles. Du glaubst, dass dies die Erleuchtung sei, nur um aus diesem Himmel wieder zurückzufallen in diese phänomenale Welt und zu erkennen, dass du ihr nicht entfliehen kannst, weil es der einzige Ort ist, an dem du leben kannst.

Der „Himmel der Glückseligkeit" ist im Grunde nur der Beginn einer anstrengenden Zeit, die alles ans Licht holt, was noch nicht gesehen wurde: schwelende Konflikte, sämtliche Schatten, kranke Konditionierungen, Bindungen, Rollen und Masken und jede Form von Resonanz; und da sind schlaflose Nächte psychischer Angst und körperlicher Schmerzen. Alles wird so lange der Wahrheit zugeführt, bis aus einem völlig entleerten Ich ein „Niemand" wird.

Doch dann stehst du eines Tages da, rundum erneuert und frei von Bindungen und eingrenzenden Konditionierungen und fühlst dich wie die Schlange, die ihre alte Haut abgestreift hat. Du trägst die Gewissheit in dir, dass alles möglich ist, weil du die Grenzenlosigkeit fühlst. Tiefes Vertrauen wohnt in dir und du weißt, dass alles was kommt, so kommen soll und niemals anders sein kann. Da ist niemand mehr, der für sich etwas will, weil er nicht nur mit ALLEM-WAS-IST verbunden ist, sondern weil er ALLES-WAS-IST IST.

Kann ich wirklich jemals frei von Schuldgefühlen werden? Ist es nicht so, dass wir ganz viel falsch machen in unserem Leben? Ist es wirklich möglich, sich von einer schmerzhaften Vergangenheit zu befreien?

Ja, das ist möglich; du kannst in dem Moment frei sein, in dem du erkennst, dass alles was du je getan hast und was dir geschah genau so sein sollte. Ich kann dir dazu folgendes Erlebnis schildern: In einer sehr intensiven Erfahrung des „Eins-Seins" traf mich die Erkenntnis, dass alles in meinem Leben den „einzigen Sinn" hatte, mich zu diesem „erlösenden" Moment zu führen. Ich sah, dass mein ganzes bisheriges Leben ein Irrweg gewesen ist, weil ich dem Ego gefolgt war. Doch gleichzeitig wusste ich, dass es niemals hätte anders verlaufen können, als es ist. Da war weder Gram, noch Verzweiflung; aber immenser Schmerz, der den Geschmack von tiefer Reue trug. Doch obwohl diese schmerzhaft empfundene Reue da war, fehlte eine Anklage völlig. Da war keinerlei Schuld, sondern nur absolute Bedingungslosigkeit zu spüren. Ich fühlte mich angenommen genau so wie ich war und gleichfalls verspürte ich eine große Freiheit, so als ob mir eine schwere Last genommen sei. Im nachfolgenden Transformationsprozess wurden die noch offenen Schmerzpunkte angetriggert bis ich eines Tages überrascht feststellte, dass der Schmerz verschwunden war und zwar in dem Sinne, dass das Erinnern keine spürbare Resonanz mehr hervorrief.

Was meine Beschreibung sagen will ist, dass alles, was bis dahin geschah, tatsächlich von der „Ina-Person" getan oder zugelassen wurde und zwar aus der Unbewusstheit heraus, aus einer Verblendung und Verirrung des Geistes, mit anderen Worten: aus der Ich-Illusion. Die Befreiung aus der Schuld kann eintreten, wenn du dir dessen wirklich bewusst wirst. Wenn du aufwachst aus deinem Traum, hat alles, was bis dahin gewesen ist, keinerlei Bedeutung mehr; da ist nichts, was deine unschuldige Gegenwart je berühren könnte. Spüre in deine eigene Wahrheit und verleugne nichts, denn da ist nichts, was ungeschehen gemacht werden kann. Doch wenn du dazu stehst, verliert es seine Bedeutung. In jedem Moment stellt sich die Weiche für den nächsten Moment.

Wenn du willst, kannst du auch der Argumentation des Neo-Advaita folgen, das von radikaler Schuldfreiheit spricht: Da es dich (Ego) nie gab, kannst du selbst nie entschieden und selbst nie gehandelt haben. Somit hast du auch nichts getan. Deshalb kannst du für das, was in deinem Leben geschah, weder verantwortlich gemacht, noch schuldig gesprochen werden. Da wurde einfach nur „das Programm abgespielt", das für deinen Körper-Geist-Organismus bestimmt war und mit dessen Programmierung du in dieser Welt unterwegs bist.

Welcher Betrachtung du auch immer folgst: Schuld kann es nur geben, wenn du dich verurteilst.

Gibt es einen tieferen Sinn des Lebens? Wozu sind wir hier?

Mir scheint hier eine Unterteilung sinnvoll. Vom Grundsatz her kannst du sagen, dass dein Leben den Sinn hat, den du ihm gibst. Das Neo-Advaita hingegen würde sagen, dass du gar keinen individuellen Sinn haben kannst, weil es überhaupt kein Ich gibt das irgendetwas bestimmen könnte. Ich gehe in meiner Betrachtung jedoch davon aus, dass wir das ALLES-WAS-IST sind, was einzig (als EINS) existiert. Aus dieser Sicht scheint es so zu sein, dass du (als dieses EINE) innerhalb und für deine Form einen Sinn auf der oberflächlichen Ebene des Seins erfüllen kannst. Dazu gehört im Grunde alles was du in deinem Leben tust. Der Sinn deines Lebens ist also das zu leben, was du in diesem Leben ausdrücken möchtest. Alles was du tust und wählst, sei es eine Ausbildung, einen Partner, eine Familie, ein Haus, ein Hobby und jedes andere Ziel, alles das ist der Sinn deines Lebens.

Dann gibt es noch die Betrachtung aus Paradigma 0, in dem nichts mehr gewollt, gehabt oder anders sein müsste, weil du den Eigenwillen des Ich (ob Illusion oder nicht) hinter dir gelassen und erlebt hast, dass nichts vervollständigt werden muss, weil du schon alles bist, was je sein könnte. Dieses Erkennen stellt den Überstieg von Paradigma 1 in Paradigma 0 dar und könnte quasi als „übergeordneter Sinn des menschlichen Lebens" bezeichnet werden. Da geschieht ein Heraustreten aus dem Gefängnis des Begrenzten in die Freiheit von Alles-Ist-Möglich. Die Suche nach dieser Grenzenlosigkeit (Einheit, Vollkommenheit, Glück, Frieden, Gott) ist im Menschen angelegt und soll dich in ALLES-WAS-IST führen. Du wirst überrascht sein, wenn du dann feststellst, dass das, wonach du dich sehnst (Sinnsuche), niemals weg war; es wird lediglich durch des Egos Manipulationen verdeckt und bleibt unerkannt, bis sich die Schleier der Maya zu lüften beginnen.

Ich lese immer wieder, dass das Loslassen ganz wichtig wäre, um auf dem spirituellen Weg fortschreiten zu können. Was konkret muss losgelassen werden und wie geschieht das Loslassen tatsächlich effektiv?

Nur über den rationalen Verstand etwas loswerden zu wollen, ist schwierig, denn alles, was du *nicht* willst, wogegen du also Widerstand übst, bleibt an dir haften wie ein klebriges Bonbon. Loslassen geschieht eher passiv als aktiv. Du kannst dir zwar vornehmen, etwas der Vergangenheit übergeben oder aus deinem Leben streichen zu wollen, es wird jedoch nur dann wirklich gelingen, wenn du den gesamten Komplex dieser unliebsamen Sache angesehen hast. Loslassen geschieht also von alleine dann, wenn du dich der Wahrheit hinter der Sache schonungslos gestellt hast, wenn du dein eigenes, diesbezügliches Wirken erkannt hast. Es ist dann vorbei, wenn die vollständige Wahrheit ans Licht geholt wurde, wenn nichts mehr im Unterbewusstsein gärt (zum Beispiel negative Gefühle, Aggressionen, Wut, Angst, verletzter Stolz, Rachegefühle). Erst wenn du mit der Sache im Reinen bist, wenn vollständige Klarheit herrscht, kann Loslassen geschehen. Du musst hierfür nichts mehr tun. Wahrheit heilt deinen Schmerz. Wenn du aber spürst, dass es nicht funktioniert, dann ist das der Hinweis für dich, dass du etwas übersehen hast oder etwas von dir verlangst, was für dich (noch) nicht möglich ist. Es ist erst dann wirklich vorbei, wenn es vorbei ist:

„Everything will be okay in the end.
If it's not okay it's not the end."

Allgemein betrachtet geschieht Loslassen (des Geschehenen) jeden Moment, weil es die Natur des Lebens ist. Nur der Mensch zwingt diesen freien Fluss in eine Blockade, indem er die Vergangenheit immer wieder auf seinen inneren Bildschirm projiziert; weil sie so schön oder weil sie so schmerzhaft war. Der Widerstand gegenüber dem was ist, ist der Erschaffer des Leidens - der Eigenwille des Egos. Wenn du diesen loslässt, wenn du bereit bist, dich dem Leben unterzuordnen, geschieht automatisch alles wie es geschehen soll. Ohne Widerstand, also Eigenwille, kein Leid.

Was ist der Unterschied zwischen Bindung und Verbindung?

Wenn du an jemanden oder etwas gebunden bist, bedeutet das Abhängigkeit; du kannst dann ohne dieses nicht leben und zwar im psychischen Sinne. Jede Form von Übertriebenheit, Zwang, Drang, unbedingtes Haben-Wollen bedeutet Sucht und Abhängigkeit. Du findest Bindung in jedem Bereich des Lebens, sei es beim Sport, bei der Arbeit, der Leistung schlechthin oder in der Abhängigkeit nach emotionaler Aufmerksamkeit, Lob, Hilfe, Unterstützung. Wenn du herausfinden möchtest, ob du abhängig bist, stelle dir die Frage, ob du ohne dies oder jenes leben kannst. Schaue dann, wie es sich anfühlt, wenn das Bestimmte nicht mehr in deinem Leben wäre; eine liebgewonnene Angewohnheit, eine Person, eine Lieblingsspeise, ein Ritual, ein automatischer Ablauf, eine Arbeit, ein Zeitvertreib. Bindung kann nur durch absolute Ehrlichkeit aufgedeckt und aufgelöst werden. Das kann sich manchmal wie „Trauer" anfühlen; oder auch als anstrengend empfunden werden, weil es so ähnlich ist wie bei einem Kleinkind, das sich vom Schnuller entwöhnen muss.

Verbindung hingegen ist keine Abhängigkeit. Wenn du so willst, kannst du es vielleicht „Bindung in Freiheit" nennen. Du kannst durchaus mit jemandem herzlich und liebevoll verbunden sein und bist dennoch in der Lage, auch ohne denjenigen zu leben. Du darfst mit Genuss deine Lieblingsspeise essen, kannst jedoch auch problemlos „nein" zu ihr sagen. Bei Verbindung hast du noch die Wahl, etwas zu genießen oder darauf zu verzichten (im Sinne von „es nicht brauchen"); im Falle von Bindung hast du keine Wahl mehr, weil du *musst*. Auch unter diesem Aspekt kannst du leicht herausfinden, ob du betroffen bist. Wenn du leidest oder aggressiv wirst, wenn du diesem Müssen nicht nachgibst, ist Bindung gegeben. Wenn dies nicht der Fall ist und kein Drang entsteht, bist du frei.

Was ist diese "Leere", die einem auf dem spirituellen Weg begegnen soll? Geht es da um Einsamkeit und Alleinsein? Wieso sollte das erstrebenswert sein?

In einer bestimmten Phase deiner Suche landest du in der Erkenntnis, dass da, wo du zuvor ganz viel vermutet hast, eigentlich nichts ist. Das ist das SEIN, das nur auf gewisse Weise „erlebt", aber kaum erklärt werden kann oder soll. Das SEIN ist nichts, was im herkömmlichen Sinne etwas ist. Es kann vielleicht als ein Gefühl von grenzenlosem Raum wahrgenommen werden, in dem du das Paradox eines stillen NICHTS bei gleichzeitig sprudelnder Lebendigkeit (FÜLLE) erlebst. Es ist kein Objekt, das du greifen könntest. Du erfährst jedoch, dass alles aus diesem NICHTS, dieser LEERE entsteht; da ist ein ewiges Erschaffen.

Du bist diese LEERE und kannst ihrer gewahr werden, wenn da keine Ego-Identität ist, die jemand sein oder werden will. Die LEERE kommt, wenn die Person geht. Die LEERE zu erfahren ist das Ende der Suche. Sie hat jedoch überhaupt nichts mit Alleinsein zu tun, weil du in ihr mit allem verbunden bist, mit allem EINS bist, weil es nur diese LEERE gibt. Du kannst dich niemals mehr einsam fühlen bzw. deine Angst vor der Einsamkeit ist verschwunden, wenn du ALLES-WAS-IST bist. Das ist in der Tat ein erstrebenswerter Zustand, wenn wir dieses Wort benutzen wollen.

Was bedeutet es, in der Einheit zu leben? Was ist das für eine Einheit und wie spüre ich, dass ich in ihr bin?

Wenn du zu Paradigma 1 übergehst, transzendiert sich dein Ego gewissermaßen. Das bedeutet, dass es über seine Egozentrik hinaus blickt, seine Wahrnehmung erweitert und sich als integralen Teil des gesamten Universums empfindet. Nichts und niemand ist von dir verschieden; alles ist Leben, so wie du und jede andere Art von Existenz. Materie und Geist - alles ist in seiner Essenz dasselbe; es gibt keinen Unterschied. Je nachdem, wie ausgeprägt du das empfindest, kann sich Vegetarismus oder auch Veganz einstellen. Dieses Wissen, dass du mit allem verbunden bist und dass jeder das ist was du selbst bist, macht dich tolerant. Auf der oberflächlichen Ebene mag es Sympathien oder Antipathien geben. Das ist völlig in Ordnung und menschlich, da du trotz allem Mensch bist.

Je weiter du in P1 fortschreitest, desto mehr weißt du, dass dir alles „zuarbeitet" in diesem Leben, auch Ent-Täuschungen, Anfeindungen oder Verleumdungen. Das führt dazu, dass du keine wirklichen Feinde mehr hast. Was entstanden ist, ist Mitgefühl, das im SEIN alles einschließt, auch den Mörder. Das ist die Nächstenliebe, die sich im Grunde nicht vom Mitgefühl unterscheiden lässt. Sie bedeutet in erster Linie den anderen so anzunehmen wie er ist. Das gelingt, wenn du dir bewusst machst, dass der Mörder in seiner Essenz nicht unterschieden von dir ist und dass er so wie du einen Weg sucht, seinen inneren Druck loszuwerden oder Bestätigung zu finden. Wenn du dich auf diese Weise öffnest, erkennst du, dass es eine Ursache haben muss, warum der Mörder das ist was er ist. Möglicherweise findest du die Gründe in seinen Prägungen und Konditionierungen, die ihn zu dem gemacht haben, was er lebt. Das Neo-Advaita würde gar sagen, dass er nicht anders kann, weil dies das Programm ist, das für ihn bestimmt und von ihm gelebt werden muss.

Wenn du Mitgefühl mit allen Wesen empfindest, dann hat sich P0 geöffnet und du spürst immer mehr, dass du ALLES-WAS-IST, bist.

Was bedeutet das "Sein", das "Höhere Selbst", das "Göttliche" in mir? Wie kann ich es hervorrufen und wissen, dass es das ist?

Das „SEIN zu leben" ist Sinn und Zweck aller (spirituellen) Wege und das Ende allen Suchens. Weil das SEIN mit den Worten und Bezeichnungen „Weg-Suchen-Finden-Erreichen-Erlangen" in Verbindung gebracht wird, hat es den Anschein, dass du irgendwohin kommen musst. Es gibt jedoch kein „Dorthin", weil das SEIN „da ist", in dir, außerhalb von dir und schon immer da war; du kannst es nur nicht sehen, anfassen oder kognitiv verstehen oder nachvollziehen. „Du bist bereits das (SEIN) was du suchst", bestimmt hast du diesen Satz schon einmal gehört oder gelesen, ohne wirklich zu wissen, was er bedeutet. Das SEIN ist in allen Dingen, in dir, in mir, in deinem Freund, in deinem Feind, in der gesamten Schöpfung und somit auch außerhalb des Materiellen im gesamten geistigen Nichts. Oder besser ausgedrückt: Gott, das SEIN, ist ALLES-WAS-IST und da Gott, das SEIN, unbegrenzt ist, ist es nichts, was du bemessen oder greifen könntest. Das SEIN ist unendlich, ewig und die Essenz aller Form und Nicht-Form. Das SEIN ist „Ich bin" und nicht „Ich bin dies und jenes".

Vielleicht kann die oft „herangezogene" Metapher des Theaters verdeutlichen:

Da ist der Schauspieler, der auf der Bühne des Lebens spielt und völlig mit seiner Rolle (Ego) identifiziert ist - der zutiefst *unbewusste* Gott-Mensch hat vergessen, dass er nur eine Rolle spielt. Sobald er sich aber aus der Identifikation löst, distanziert er sich von seinen „unbewussten Ego-Machenschaften", verlässt die Theaterbühne, wechselst in den Zuschauerraum und schaut zu. Das ist das Erwachen, das Bewusstwerden, dass er nicht das Ego ist, sondern das SEIN, das dem Theaterspiel (Leben) zuschaut. Der *bewusste* Gott-Mensch wird dann das Spiel gezwungenermaßen weiter mitspielen, weil es keine andere Bühne (Welt) gibt, auf der er spielen (leben) könnte. Er ist jedoch nicht mehr in seiner Rolle gefangen, ihr nicht mehr ausgeliefert, weil er sie *bewusst* spielt. Hinzu kommt, dass er sich grundsätzlich nicht mehr wirklich wichtig nimmt.

In dem Moment, in dem du im SEIN verweilst, hast du das Gefühl, dass sich die Außenwelt auflöst. Du schaust zwar, doch es wirkt so, als würdest du hindurchschauen und dich mit dem Geschauten verbinden, weil du das Geschaute bist. Du fühlst dich und die Umwelt als gesamtes GANZES. Du bist dir der Zeitlosigkeit gewahr. Sobald du dich wieder auf Gedanken einlässt, du das erste Wort sprichst, bist du nicht mehr im SEIN, sondern im Jetzt des augenblicklichen Augenblicks. Du bist dann zwar immer noch im tiefsten/höchsten Gewahrsein, jedoch innerhalb des zeitlichen Jetzt.

„Das Sein ist, wenn alles andere nicht ist."

Obwohl manche spirituelle Strömungen die Meditation teilweise verpönen, kann sie dir doch helfen, dich nach innen auszurichten, damit das, was du wirklich bist, leichter zum Vorschein kommen kann. „Echte" Meditation, wie von Jiddu Krishnamurti zum Ausdruck gebracht, bedeutet jedoch nicht, lediglich auf der Matte Entspannung zu finden. Vielmehr hat die Meditation (im Sinne des Wortstammes) den Zweck des Nachfragens, Hinterfragens, Anzweifelns und Untersuchens. Als Metapher gesprochen: Du kannst deiner Sonne helfen zum Vorschein zu kommen, indem du die Wolken am Himmel (Schleier der Maya) zur Seite schiebst. Du wirst das SEIN nicht erkennen – du wirst es *sein*, wenn es da ist.

In der Religion und auf dem spirituellen Weg ist immer wieder die Rede von Vergebung. Wie kann Schuld wirklich vergeben werden und was bedeutet Vergebung überhaupt genau?

Nicht nur in Religion und Spiritualität, sondern auch in der Psychologie wird davon gesprochen, dass ohne Vergebung niemand letztlich Frieden finden und kein friedliches Miteinander gelebt werden kann. Das Thema Vergebung wird es für dich so lange geben, so lange du dich in der Opferrolle wähnst. Überhaupt existiert sie nur in der bipolaren Welt des P2, wo Richtig und Falsch, Gut und Böse regieren. Die Vergebung kann nur dann scheinbar notwendig werden, wenn das Konzept der Schuld vorausgeht. Wenn du glaubst, dass jemand schlecht mit dir umgegangen ist, dir etwas angetan oder einen Fehler gemacht hat, dann machst du ihn zum Schuldigen. Das ist der „normale Ablauf", in P2, der Täter-Opfer-Welt des Richtens und Verurteilens. Wenn du dich hier aufhältst, solltest du versuchen in die Neutralität zu kommen, um das ganze Konzept von Schuld und Vergebung obsolet zu machen. Neutralität entsteht, wenn du beginnst hinter die Kulissen zu blicken. Das geschieht indem du deine Opfer-Position hinterfragst. Hat dir der andere wirklich etwas getan oder ging seinem Verhalten möglicherweise eine Aktion deinerseits voraus? War es vielleicht eine Reaktion auf dein eigenes Tun? Trägt die Situation unangenehme Wahrheit in sich, die die Opfer-Täter-Rolle möglicherweise umkehrt?

Zur Verdeutlichung ein Beziehungsbeispiel: Nehmen wir an, dein Mann hat dich belogen, was dich verständlicherweise enttäuscht, traurig, ärgerlich oder wütend macht. Es kehrt nur dann für gewöhnlich wieder Ruhe ein, wenn er sich bei dir für sein Vergehen entschuldigt hat. Wird von dir dann nicht vergeben, wird dieses Thema immer wieder bei Unstimmigkeiten auftauchen, bis die Beziehung am Gift dieses Vorwurfs zerbricht. In die Neutralität zu gehen bedeutet hier im ersten Schritt, dir anzuschauen, weshalb dein Mann dich belogen hat. Er muss seine Gründe haben und diese Gründe müssen in irgendeiner Weise mit dir zu tun haben, da er dir als Spiegel dient. Wenn dein Mann offenlegt, weshalb er dich belogen hat, wirst du möglicherweise einen Verhaltenszug an dir erkennen, der ihn in seiner Lüge unterstützt oder vielleicht sogar dazu angeregt hat. Wenn du dann bei dir selbst bleibst und dich fragst, warum dir dieses Belügen „geschieht", welchen Schatten dir das Thema „Lüge" zeigen möchte, kommst du bei deiner eigenen Wahrheit an. Wenn du eine solche Bewusstseinsarbeit betreibst, wirst du automatisch zu dem Schluss kommen, dass dein Mann dir im Grunde „geholfen" hat, dir deines Schattens bewusst zu werden. Gibt es nun noch einen Schuldigen? Wer ist nun Täter und wer Opfer? Ist hier irgendetwas Schlechtes oder Falsches geschehen? Ist Vergebung noch notwendig oder wäre eher ein „Dankeschön" angebracht? Das gilt auch für den Fall, wenn dein Mann ein notorischer Lügner wäre, denn du müsstest dich fragen, weshalb du dich dauerhaft oder, immer wieder belügen lässt. Ist da der fehlende Mut zur Wahrheit? Wer will etwas nicht sehen und weshalb?

Mag sein, dass dir dieses Beispiel nicht radikal genug ist und du bei schlimmeren Vergehen wie Mord oder Misshandlung diese Sicht nicht einnehmen könntest. Das ist völlig nachvollziehbar und verständlich. Es braucht tatsächlich viel Bewusstheit und durchaus Demut, in einem Mörder „unschuldiges Leben" zu erkennen. Und dennoch ist es so, dass diese Täter wahrscheinlich zuvor selbst Opfer waren und dass ihr völlig verwirrter Geist der wahre Täter ist, der sie zu solcher Handlung treibt. Wahre Vergebung kann nur stattfinden, wenn du verstanden hast, was mit dem Satz „Denn sie wissen nicht was sie tun" gemeint ist.

Doch auch mit dieser Betrachtung sind wir noch nicht am Ende angekommen. Es gilt zu erkennen, dass du dich selbst zum Richter erhebst wenn du andere verurteilst und schuldig sprichst. Das trägt den Geschmack von Arroganz in sich. Woher willst du wissen, warum ein anderer handelt wie er handelt? Hast du den absoluten Überblick? Bist du selbst tatsächlich ohne Fehler, warst du niemals Täter? Vergebung bedeutet, sich nicht in die Welt des anderen einzumischen und die Dinge stehen zu lassen, wie sie sind. Du kannst sowieso nichts daran ändern. Das Leben kümmert sich selbst um den fairen Ausgleich. Ohne Verurteilung gibt es auch keine Vergebung.

In der östlichen spirituellen Literatur begegne ich immer wieder dem Begriff "Maya", jedoch ohne konkrete Beschreibung. Was ist Maya genau?

Wahrscheinlich kann diese Frage für den Verstand nicht befriedigend beantwortet werden und das ist letztlich gut so. Aus der Baghavat Gita kannst du entnehmen, dass Maya die Vorstellungskraft als solche ist, also das, was als Idee in dir auftauchen muss, bevor überhaupt eine Manifestation stattfinden kann. Demnach soll Krishna mit dieser Vorstellungskraft das Universum erschaffen haben. Du kannst dich ganz leicht selbst davon überzeugen, dass die Dinge, die du selbst gestaltet hast, zuvor ein „Bild brauchen", also einer Vorstellung entsprungen sind; und das gilt für alles, was du je in deinem Leben umsetzen kannst. Maya ist also Kreativität und Schöpfergeist. Ohne sie gäbe es wohl nicht diese wunderbare Vielfalt des Lebens. Dieses ständige Erschaffen ist die Grundlage des Lebens selbst.

So wie Maya all die schönen Dinge vor deinem Auge entstehen lassen kann, so trifft dies natürlich auch auf die Kehrseite der Medaille zu. Ein negativer und verwirrter Geist kann aus Mayas Kreativität Grauenhaftes entstehen lassen, was Angst, Unglück und Leid verursacht. Auch können sich ihre Vorstellungen zu Illusionen verzerren, wenn sich Mayas „Schleier senken". Der wohl bekannteste Schleier ist das Verliebtsein, wenn die „rosarote Brille" Wahrheit verdeckt. Wir alle kennen die Ernüchterung, die dann eintritt, wenn sich nach einer gewissen Zeit die beiden Menschen auch „in echt" kennenlernen. Die Schleier fallen aber auch vor dir selbst, wenn du Wahrheiten über dich nicht sehen möchtest, weil sie dir nicht gefallen und du dich deinen Schatten nicht stellen willst. Dahinter steckt natürlich der Einfluss des Egos, das nicht will, dass du seine eigene illusionäre Existenz erkennst.

Man hört manchmal, dass das Leben "Sterben" bedeutet. Wie ist das zu verstehen?

In Paradigma 0 wird das Ego transzendiert. Das heißt, dass das Ego das Streben und Verlangen loslässt, was bedeutet, dass es seinen Eigenwillen aufgibt, also sterben lässt. Darüber hinaus geschieht das Sterben ständig in dem Moment, wo du zum nächsten übergehst. Was also immer wieder stirbt ist die (zeitliche) Gegenwart, weil sie in die Erinnerung übergeht. Wenn du jedoch Gelebtes nicht sterben lässt, indem du es immer wieder hervorholst, leidest du; entweder weil es so schön war und nicht mehr ist oder weil es so grässlich war und du das immer wieder nachfühlst.

Jedes Anhaften bedeutet Blockade und weil das Leben deshalb nicht fließen kann, ist es im Grunde tot wie ein gestauter See, in dem keine Bewegung mehr stattfindet. Dieses ständige Loslassen ist also das, was du als „Sterben" betrachten kannst, das jeden Moment passiert und ohne das ein fließendes Leben nicht möglich ist. Ein Leben im Stillstand ist totes Leben. Wenn nichts blockiert und keine Stauung vorhanden ist, kann (schmerzlos) das zu dir kommen, was für dich bestimmt ist.

Wie kann ich erkennen, ob ich aus der Wahrheit, aus dem Sein, handle?

Das ist recht einfach: Alles was aus dem SEIN kommt, wurde nicht gedacht. Das bedeutet, dass Entscheidungen, die du triffst oder Maßnahmen, die du ergreifst, gedankenlos geschehen sind; jedoch nicht naiv oder verantwortungslos, sondern lediglich frei von Absicherung, ob das, was du tust, auch richtig oder gut ist. Denn die Gedanken, die du dir normalerweise bei verschiedenen Situationen machst, dienen immer der Gewinnung von Sicherheit. Du versuchst durch das Durchdenken der Möglichkeiten größtmögliche Gewissheit zu bekommen, dass das was du entscheidest auch richtig ist. Und wenn du dann entschieden hast, erscheinen die Gedanken wieder und zwar in Form von Zweifeln, ob denn das Sichere wirklich sicher ist oder ob es anders nicht doch besser gewesen wäre.

Wenn du aus dem SEIN lebst, gibt es keine Zweifel mehr an dem was du tust. Du denkst tatsächlich nicht darüber nach, welchen Sinn deine Entscheidung ergibt, weil du frei von Zweck und Motiv bist. Du handelst aus dem Moment, der dir zeigt, was gelebt werden soll. Das heißt natürlich nicht, dass du überhaupt niemals denkst, denn die Idee von dem was gelebt werden möchte, muss ja auch umgesetzt werden. Diese Umsetzung darf geplant, also durchdacht werden. Du erkennst die Spontaneität des SEINS auch daran, dass alles was du tust einen Geschmack von Frische hat.

Was bedeutet es, dass alles was wir tun "aufgezeichnet" wird? Wer zeichnet auf und wie funktioniert das?

Ganz sicher kann meine Antwort hier nur „unprofessionell" sein, weil sie keinerlei neurologisch-wissenschaftlicher Erkenntnis entspringt. Wenn du sie also überprüfen möchtest, würde ich dir entsprechende Nachschlagewerke empfehlen. Aus meiner Sicht heraus geschieht folgendes: Alles was du erlebst, was dir geschieht, was du tust oder dir getan wird, wird von deinem Gehirn aufgezeichnet und abgespeichert. Wie ein Ton-Film wird das Geschehen deines gesamten Lebens aufgenommen. Ob dies mit deiner Geburt, mit der Zeugung oder bereits davor beginnt, liegt außerhalb meiner Erfahrung und ist auch relativ unrelevant, weil aus der Sicht des SEINS in gewisser Weise illusionär.

Als unschuldiges Wesen bringst du die Anlage deines So-Seins mit in diese Welt, um dann von deinem Umfeld in eine gewünscht andere, der Norm entsprechende Ich-Persönlichkeit, hinein konditioniert zu werden. Wenn du so willst, kann man fast sagen, dass du dann Zwei bist (ein Aspekt zur Entstehung von Leid), nämlich dein ursprüngliches So-Sein-Ich (1), welches durch das umprogrammierte „So-Sein-Sollen-Ich" (2) überlagert wird. Alles was man dir in deiner Kindheit beibringt, was du lernst und erfährst, ja, jedes Wort das man zu dir sagt, wird von deinem „Tonband" aufgenommen und abgespeichert. Du bewertest dich dann selbst nach den Richtlinien und handelst nach ihnen, weil du auf sie programmiert bist. Dazu gehören natürlich auch sämtliche Werte der Gesellschaft, der du angehörst; also Religion, Land, Standesdünkel etc. Durch diese „Gehirnwäsche" verliert sich dein wahres So-Sein immer mehr. Du kannst es dann im Grunde (wenn überhaupt) nur noch in sensiblen Momenten wahrnehmen, es sei denn, es meldet sich vehement durch Krisen, um auf seine „Verirrung" aufmerksam zu machen.

Alle Abspeicherungen werden in deinem Unterbewusstsein vorgenommen und laufen überwiegend als automatische Prozesse im Hintergrund ab. Manchmal holst du eine Erfahrung hervor, weil du sie gerade brauchst, also dich erinnerst. Aber immer noch wissen die meisten Menschen nicht, dass sie ein solches „Lager" besitzen. Erst wenn das

Leid sie dazu zwingt (in Therapien) hinzuschauen, werden sie gewahr, dass es dieses Unterbewusstsein gibt und dass es ihr So-Sein ist, das darunter leidet, anders sein zu müssen, als es in Wahrheit ist. Um dein So-Sein aus dem Gefängnis seiner Konditionierungen befreien zu können, musst du dir also die überlagerten Überzeugungen und den ganzen Müll deiner Ich-Illusion anschauen, damit es sich auflösen kann.

Wenn du allerdings mit der Sicht des Neo-Advaita an die Sache gehst, wäre diese „Arbeit" unnötig, um dein wahres So-Sein zum Vorschein zu bringen. Dort geht man davon aus, dass das gesamte Leben in dieser phänomenalen Welt eine Illusion ist, was jede Frage nach einer Aufzeichnung hinfällig macht, weil sie ebenso illusorisch ist, wie dein Ich. Wenn du dich mit dieser Sicht nicht anfreunden kannst, bleibt dir der Weg des „Schauens in Wahrheit", der dein Schein-Ich (Ego) entlarvt und dein So-Sein zum Vorschein bringt. Eines ist jedoch gewiss: was auch immer gelebt wird, ist immer das eine SEIN, welches lebt in Form und Nicht-Form.

Wenn Gott keine Person ist, was ist Es dann? Und was hat Jesus damit zu tun? Vater, Sohn und Heiliger Geist – wie ist das alles zu verstehen?

Da ich kein christlicher Geistlicher bin, kann ich die Frage auch nicht aus christlicher Sicht beantworten. Ein Zitat der Baghavat Gita scheint mir hier das kürzeste, aber auch zutreffendste zu sein: „Die Welt ist illusorisch. Brahman (Gott) allein ist wirklich. Brahman ist die Welt."

Das bedeutet, dass es nur Gott wirklich gibt und dass ES gleichfalls das ist, das als ALLES-WAS-IST in der Welt der Form und Nicht-Form erscheint. Dies näher zu beschreiben ist eigentlich unnötig, weil unmöglich. Doch die Frage erfordert ein näheres Hinschauen: Die Welt der Illusionen ist die Welt in der wir leben (Fülle). Alles was sich hier aufhält, ist Gott und zwar in jeder Form, nicht nur in Mensch, Tier, Pflanze oder dem gesamten Universum, sondern auch in der Form, die nicht zu sehen ist; alles Geistige, das Bewusstsein, alles was über die Sinne geht, der gesamte Ego-Denkkomplex. Ebenso ist Gott das was wirklich ist und das ist das *worin* die Welt entsteht und sich befindet (Nichts). Jeder weitere Erklärungsversuch sprengt deinen Verstand. Es ist weder zu beschreiben, noch zu wissen und muss auch weder beschrieben, noch gewusst werden. Jeder Versuch einer Beschreibung kann nur Konzept sein, so wie die christliche Anschauung oder die buddhistische, hinduistische, jüdische, islamistische und jede andere Art spiritueller Ausrichtung.

Im christlichen Sinne ist Jesus die Inkarnation Gottes, also eine der Formen, die Gott (Vater) erschaffen hat (Menschen-Sohn) und die Gott selbst ist, so wie jeder andere Mensch und jede andere Form auch, denn „Gottes Reich in dir", ist in allem und schließt nichts aus. Der Status „Christus" drückt ein Bewusstsein aus, das wahrscheinlich dem Konzept der Erleuchtung gleichgesetzt werden kann. Es ist also eine Bezeichnung für ein transformiertes Bewusstsein, das der Heilige Geist zu sein scheint.

Wie entsteht das Leid in der Welt und wie können wir es verhindern? Gehört es zum "Göttlichen Plan"?

Das Leid bzw. die Erklärungen hierzu sind „in der spirituellen Szene" ebenso different, wie die Meinung zum „eigenen Willen". Im Neo-Advaita (zumindest der Überlieferung derzeitiger Online-Vertreter nach) ist das Leid in der Tat Gottes Wille. Dieser Sicht nach ist die Welt perfekt so wie sie ist, mit allem was in ihr geschieht. Die „Nicht-Zweiheit" kennt weder Bewertung noch Emotionalität oder Moral. Weil Gott (ALLES-WAS-IST) in jeder Form von Leben lebt bzw. diese Form selbst ist, ist ES demnach tatsächlich der Täter, der mordet und vergewaltigt; quasi der Gott-Mörder. Auf dieser Ebene gibt es keinen Unterschied zum Samariter oder Heiligen, das ist wohl zweifelsfrei Fakt. Und dennoch ist es in meiner Wahrnehmung nicht so, dass Gott dieses Leid erleben *will,* dass Gott spüren *will,* wie es ist zu morden oder ermordet zu werden. Wenn du jemals das SEIN für einen Moment „gelebt hast", dann weißt du, dass es tatsächlich bedingungslose Liebe ist, wie abgedroschen auch immer sich das für den einen oder anderen anhören mag. Es kann auch der Einwand geltend gemacht werden, dass hinter dem vermeintlich Negativen ebenso die Liebe stecken kann, einfach weil dies notwendig ist, damit der Mensch aufmerksam wird. Das ist durchaus (sogar recht oft) möglich, doch soll das die Erklärung dafür sein, dass Gott töten *will*? Selbst wenn Gott keinerlei Kenntnis von Moral hat und gar nicht weiß, was Gut und Böse ist, wie könnte bedingungslose Liebe mit *Absicht* und *Intention* morden *wollen*? Wenn du dieses „Gottesgefühl" je erlebt hast, dann weißt du, dass es keinerlei Intention besitzt; der Mörder jedoch mordet mit (Ego-)Absicht, um sich Befriedigung zu verschaffen.

Dann gibt es noch das fragliche Erklärungsmodell des Karmas. Eine Aufrechnung der guten und bösen Taten kann jedoch offensichtlich nur in der Polarität des P2 stattfinden und sie endet, wenn du in P1 eintrittst, weil Leid im bewussten Leben nicht existieren kann. Der wahre Verbrecher, der das Leid erschafft, ist das Ego-Bewusstsein, das sich über tausende von Jahren in Mord und Totschlag, aber auch Hunger, Armut und Hass hinein konditioniert hat. Die Trennung ruft den Gedanken hervor, dass du den anderen bekämpfen musst, einfach weil er anders ist als du und deine Ansichten nicht teilt. Ein Mensch ist nicht mit seiner Geburt ein Mörder, sondern ein unschuldiges Wesen (SEIN), das diese individuelle Anlage in diese Welt trägt. Was passiert dann, wenn du diesem Wesen jahrelang erklärst, dass es so wie es ist nicht gut genug ist und dass es anders sein soll? Wie fühlt es sich an, wenn du dauerhaft abgelehnt wirst und deshalb eine andere Identität leben musst? Was lernst du, wenn die Mutter dich schlägt oder der Vater dem Alkohol verfallen ist? Wohin trägst du deine natürliche Frustration, wenn dir Aggression verboten wird? Alles wird ins Unterbewusstsein verbannt und kommt affektiv zur Entladung, wenn „der Keller voll ist".

Der wahre Schöpfer von Leid ist also das fatal konditionierte, in die Irre geleitete Gottes-Bewusstsein. Und deshalb kann der Schmerz nur verhindert werden, wenn der Mensch erkennt was er tut. Ein *geeintes* Bewusstsein kann kein Leid mehr erschaffen, weil gewusst wird, dass alles dasselbe ist. Da ist Mitgefühl und Nächstenliebe, weil du weißt, dass wenn du dem anderen schadest, du dir denselben zufügst. Auch wenn dies vielleicht schwer nachvollziehbar sein mag, so kann auch Armut nur existieren, wenn dein Bewusstsein darauf ausgerichtet ist, wenn du absolut davon überzeugt bist, dass das, was dein Leid erschafft, auch tatsächlich so ist. Manchmal ist es leider so, dass gut gemeinte Unterstützung nicht beständig umgesetzt werden kann, weil das auf Hilflosigkeit konditionierte Bewusstsein die Notwendigkeit vielleicht nicht wirklich erfasst. Und dann gibt es noch die anderen Fälle, in denen sich Staaten bekriegen, weil ihr Bewusstsein keinen Frieden kennt. Die einzige Rettung aus dem Leid ist also die Veränderung des Bewusstseins und das beginnt bei dir. Du bist der Mittelpunkt deiner Welt und nur du allein kannst sie verändern!

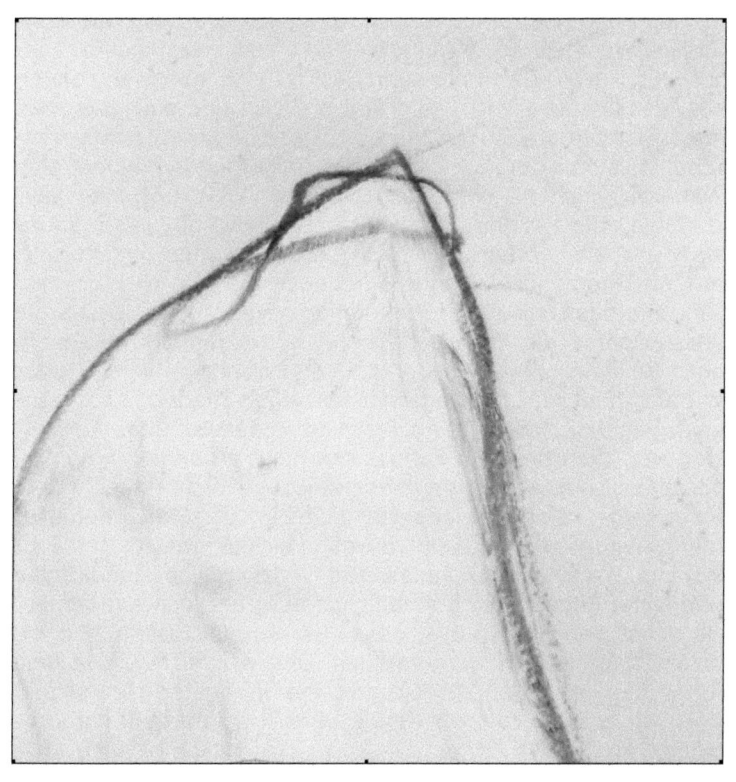

„Gipfel des Glücks"

Ausblick

Das Buch hat versucht, den rationalen Verstand mit spiritueller Weisheit zu verbinden. Nur das, was nichts ausschließt, kann Wahrheit sein. Als Mensch gehst du davon aus, dass deine Sicht richtig und recht ist und dass das, was man dir beigebracht hat, stimmt. Aber wenn du richtig hinschaust, stimmt eigentlich gar nichts. Nirgends befindet sich Wahrheit; nicht in Wissenschaft, Technik, Philosophie, Psychologie oder Religion, einfach nirgendwo. Das, was man dir als Wahrheit verkauft, sind lediglich Annahmen und Vermutungen. Niemand weiß und wird auch niemals wirklich wissen, wie das Universum funktioniert. Weder wird jemals die Wissenschaft *die* Wahrheit für sich proklamieren können, noch Religion oder Philosophie. Jede irdische Weisheit, jedes Wissen, endet in der Ungewissheit einer Theorie. Alles, wonach wir uns richten, sind lediglich Konzepte einer Vorstellung von Wahrheit. Du kannst das nicht erkennen, wenn du oberflächlich bleibst und diese Aussage nicht in die Tiefe hinterfragst. Deshalb lade ich dich ein, dies für einen Moment zu tun: Wovon weißt du ganz sicher, dass es tatsächlich die Wahrheit ist? Jeden Tag vollziehst du Handlungen und triffst Entscheidungen lediglich aufgrund von Annahmen. Du gehst zwar davon aus, dass das, was du tust, richtig ist, du weißt es jedoch nicht wirklich. Und so vollzieht sich dein menschliches Leben im Grunde nie in echter Gewissheit, doch du tust so, als ob es so wäre. Und diese Indifferenz trägt Angst in sich.

Wenn du frei von Angst leben willst, musst du die Konzepte, Theorien und Fiktionen über Bord werfen und dich in die Unsicherheit, also das Nicht-Wissen und die Grenzenlosigkeit ergeben. Sicherheit ist eine Utopie und Wahrheit kann es im beschränkten menschlichen Gehirn nicht geben, weil es ein Computer ist, der aus sich heraus nichts weiß. Er wurde lediglich mit Halbwahrheiten konditioniert und kann somit nicht perfekt im Sinne von vollkommen sein. Der Computer ist fehlerhaft und begrenzt. Und weil du das manchmal zu spüren bekommst, wirst du ängstlich. Diese Angst verschwindet, wenn du die Illusion über dich selbst aufgibst und den Glauben an dein Ego-Ich über Bord wirfst. Es existiert nicht. Es ist lediglich eine vom Verstand erfundene Instanz die glaubt, sie hätte die Allmacht. Du bist nicht dieses beschränkte Ego, du bist das grenzenlose SEIN.

DAS ist ALLES-WAS-IST, es ist das einzige, was es gibt und kann nicht beschrieben werden. Es ist Einheit, in der nichts und alles geschieht. Da existiert die phänomenale Welt, in der du lebst und die du als wirklich erkennst und da ist das SEIN, das einfach nur (Nichts) IST. Wenn du so willst, kannst du sagen: da ist der Film (phänomenales Leben, deine EGO-ICH-Welt) und da ist jemand, der diesen Film schaut (DAS/ICH-ICH). Es ist ein Paradox: Du bist der Film, du lebst im Film und du schaust ihn an. Das ist Paradigma 0.

Vielleicht macht dir dieser verwirrende Ausblick Angst. Doch er erfüllt den Sinn dieses Buch zu vervollständigen. Es wäre nicht vollkommen, würde ich dieses Paradox nicht erwähnen, ist dessen Erleben doch das Ziel der spirituellen Sucher und aller (leidenden) Menschen, wobei Letztere sich dessen nicht bewusst sind. Sich (Ego) in das ICH-ICH zu ergeben, ist gleichbedeutend mit der „Willenlosigkeit" des Egos bzw. mit dem Erkennen, dass es niemals ein „echtes" Ego gab, weil es nicht mehr als ein Gedankenkomplex ist. Mit dem Loslassen der falschen Vorstellung entsteht Freiheit jenseits aller Angst. Wenn du dich in ALLES-WAS-IST auflöst, dich in allem was existiert findest, ist nichts mehr von dir getrennt. Da gibt es keine Gegensätze mehr und keine Regeln, weil Mitgefühl IST. Alles geschieht aus sich heraus und da ist niemand mehr, der will, soll oder wird, noch gibt es jemals Absicht oder Zweck. Was bleibt ist SEIN. Und dieses SEIN ist Frieden, intensiv, frei und unvorstellbar spannend. Vielleicht darfst du es entdecken.

„Die Welt ist ein Traum - du bist der Träumer."

INA

Die Welt

**„Die Welt ist illusorisch.
Brahman allein ist wirklich.
Brahman ist die Welt."**
(Baghavat Gita)

ALLES-WAS-IST
ist Nichts und Fülle gleichzeitig.

Deshalb:

*Die illusorische Welt des P2 und P1 ist die Fülle der Vielfalt;
der wache und erschaffende Gott
in deiner egozentrischen Menschen-Form.
Hier bist du den verschiedenen Lebensgesetzen unterworfen,
nach denen diese Welt funktioniert.
Du agierst aus Intention, Zweck und Sinn.
Im Grunde existierst du alleine in dieser Welt,
weil dir alles, was dir in deinem Leben begegnet,
lediglich als Spiegel dient.
Du hast den Sinn der Selbsterkenntnis:
Gott erkennt sich selbst.*

*Der Gott in P0 ist schlafend.
Weder existiert die Welt, noch geschieht etwas.
Das Nichts kennt nichts und ist völlig sinnfrei.*

*Und doch ist es so, dass du hier lebst, in dieser Welt.
Ob sie illusorisch ist oder nicht, spielt für dich keine Rolle.
Hier lebt der erschaffende Gott, der nicht weiß,
dass er Gott ist, weil er die Maske des Egos trägt.*

*Dieser Gott, der sich in seiner Ego-Rolle verloren hat,
sucht sich selbst.
Deshalb beruht alles, was er in seinem Leben wirkt,
auf dieser Suche nach sich selbst;
das Gute, wie das Böse,
weil er sich selbst nicht kennt.*

Wenn er sich gefunden hat ist Liebe da;
ALLES-WAS-IST

Kontakt:

www.ina-kern.com
martina.kern@online.de

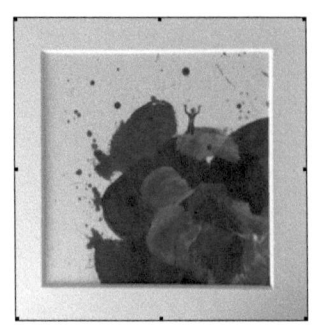

Katja Wittemann
Malerei / Objekte
01783347063

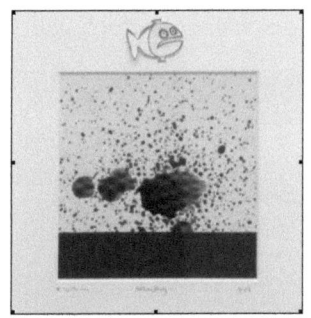

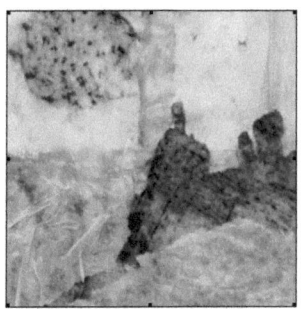

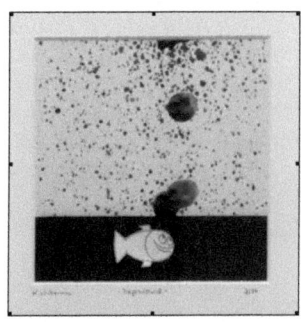

www.katjawittemann.de
info@katjawittemann.de
facebook: Katja M Wittemann

Bereits erschienenes Buch von Ina Kern

*Durch ihre psychologische Arbeit mit vielen hilfesuchenden
Menschen und aus ihrer spirituellen Einsicht wurde es für
Ina Kern immer offensichtlicher, dass das Thema
„Selbstwertgefühl" Ursache vieler Probleme ist und den
Menschen in seiner „Opferrolle" hält.
Sie erkannte, dass ohne Selbstwert-Sein,
sich das Leben leichter und freier gestaltet und die Konflikte
mit dem Umfeld und sich selbst verschwinden.
Ein paradoxer Ansatz, der umso mehr wirksam ist,
als alles andere, was bisher in Psychotherapien
und Selbsthilfebüchern angeboten wird.*

Zu bestellen bei Amazon, im Buchhandel oder tao.de

Bereits erschienenes Buch von Ina Kern

*Dieses Buch ist kein weiterer Ratgeber „gegen" die Angst,
sondern stellt deren Aspekte im konstruktiven Sinne dar.
Der Autorin ist es wichtig, dass du erkennst,
dass die Angst dich befreien kann;
aus der Enge deiner Gedanken über dich selbst,
deiner Möglichkeiten und deiner Welt.
Angst kann zu deinem Leitfaden werden und
deinen Lebensraum erweitern:
„Stelle dich deiner Angst. Wenn du durch sie hindurch gehst,
entsteht Freiheit – alles ist möglich!"
Ina Kern stellt die verschiedenen Gesichter der Angst vor,
deren Projektionen und Ursachen und zeigt auf,
wie du dich aus ihr befreien und heilen kannst.*

Zu bestellen bei Amazon, im Buchhandel oder tao.de